AF389912

THÈSE

POUR

LE DOCTORAT

A mon Grand-Père.

A mon Père. — A ma Mère.

A mes Sœurs.

A ma Famille. — A mes Amis.

Des Contrats entre époux

EN DROIT ROMAIN & EN DROIT FRANÇAIS.

THÈSE

POUR

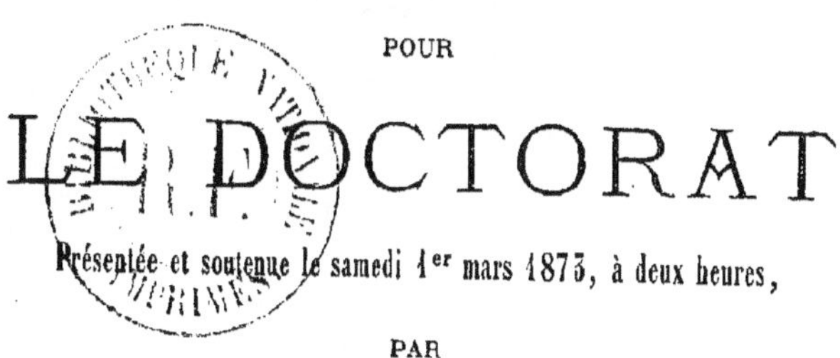

LE DOCTORAT

Présentée et soutenue le samedi 1er mars 1873, à deux heures,

PAR

Jules LONFIER,

AVOCAT.

EXAMINATEURS :

MM. BODIN, doyen ; HUE, ÉON, professeurs ; GUÉRARD, MARIE, agrégés chargés de cours.

RENNES,

OBERTHUR ET FILS, IMPRIMEURS DE L'ACADÉMIE, FAUB. DE PARIS, 18.

1873.

INTRODUCTION.

S'il est un fait entre tous qui puisse modifier profondé-
ment les rapports de deux personnes entre elles, c'est bien
certainement celui de l'union intime de ces personnes, consacrée par le mariage. Du jour où commence, pour les
époux, cette vie nouvelle, cette vie commune pleine d'espérance et d'avenir qu'ils devront désormais, associés insépa-
rables, parcourir ensemble, de ce jour aussi l'indépendance
que chacun d'eux avait conservée jusqu'alors ne tarde pas
à s'affaiblir, sinon même quelquefois à disparaître entièrement sous l'influence prépondérante de l'un ou de l'autre.
Souvent, sans doute, cette influence, ressentie avec bonheur,
ne sera qu'un gage de plus de la prospérité de l'association
conjugale; mais aussi combien ses effets ne peuvent-ils pas
être funestes, si elle se trouve au service d'un esprit cupide
et insatiable pour lequel une affection pure et désintéressée
ne serait qu'un vain mot? Et alors, quand les intérêts de ces
époux se trouveront en présence, quand une convention quelconque deviendra utile pour l'un d'eux, est-il bien sûr que
le consentement de l'autre sera parfaitement libre, à l'abri

de toute pression, de tout dol, voire même de toute violence? Ces craintes, rarement fondées, presque toujours chimériques, quand il s'agira d'un de ces contrats où chacun reçoit l'équivalent de ce qu'il donne, ne prendront-elles pas au contraire une gravité toute particulière quand on verra l'un des époux s'appauvrir, se dépouiller sans compensation aucune au profit de l'autre; en un mot, quand il s'agira d'une donation entre-vifs?

Laisser ainsi les contrats entre époux, et surtout les contrats à titre gratuit, sous l'empire des mêmes règles qu'entre étrangers, c'est donc s'exposer quelquefois à mettre la fortune du plus faible ou du plus aimant à la merci du plus fort ou du plus habile. Que deviendrait alors la dignité même du mariage s'il ne devait plus être qu'un moyen de satisfaire la cupidité et la convoitise? Et si, comme on l'a dit souvent, le mariage honoré et respecté est la base de toute société bonne et durable, c'est donc un devoir impérieux pour tout sage législateur de consacrer ses soins les plus vigilants à diminuer, ou s'il le peut, même à faire disparaître toutes les causes possibles de troubles et de désordres là où ne devraient régner que la paix et la concorde. Mais on doit y prendre garde, il y a un autre écueil à éviter; c'est qu'il ne faut pas, sous prétexte de protection, décréter contre les époux une incapacité complète, absolue de contracter entre eux, incapacité qui serait vraiment bien étrange en ce qu'elle semblerait ne devoir atteindre que des coupables ou tout au moins des suspects, et qu'elle frapperait cependant ceux-là mêmes auxquels les lois divines et humaines font un commandement de l'amour.

Étudier quelle a été la solution donnée par les différentes législations de Rome, de notre ancien droit et de notre droit actuel sur cet important sujet des contrats entre époux, tel est notre but. Comme on a pu le pressentir, l'un de ces contrats, la donation entre-vifs, devait appeler l'attention particulière des législateurs ; aussi se présentera-t-il à nous avec des règles à peu près fixes et certaines. Il n'en sera point de même des autres contrats, presque toujours laissés dans l'ombre et qui n'ont fait que ressentir plus ou moins le contre-coup des règles prohibitives ou permissives des premiers.

Les contrats entre époux, c'est-à-dire les contrats faits pendant le mariage avec l'accord des deux volontés, formeront seuls l'objet de ces études, qui ainsi ne comprendront ni les règles du contrat de mariage et des libéralités qui peuvent l'accompagner, puisque ce contrat n'a lieu qu'entre futurs époux, ni celles des donations par testament, puisque l'époux testateur peut les faire seul, sans la participation et à l'insu même de l'époux légataire, et qui, pour cette raison, ont presque toujours été laissées sous l'empire du droit commun.

DROIT ROMAIN.

PREMIÈRE PARTIE.

Des Donations entre époux.

Les règles qui régissent les donations entre époux ont subi à Rome bien des vicissitudes, et selon le sort de toute règle importante, elles ont dû varier avec les besoins de chaque époque. Et c'est ainsi que nous verrons ces contrats permis à l'origine entre époux comme entre étrangers, puis, par suite d'abus fréquents et déplorables, être frappés d'une prohibition complète, pour reparaître enfin, mais pour ainsi dire mutilés, car ils auront perdu un de leurs principaux caractères, l'irrévocabilité.

Ire ÉPOQUE.

De l'Origine de Rome à une époque postérieure quelques années à la loi Cincia (an 550 de R.).

Dans ces temps reculés, on n'aperçoit aucune trace de règles quelconques concernant les donations entre époux. Cependant il est facile de les déduire de l'organisation même du mariage à cette époque.

La femme n'était alors jamais indépendante; elle était soumise pour sa vie entière, soit à la puissance de son père, ou mieux de son chef de famille *paterfamilias,* soit à l'autorité d'un tuteur. Son mariage ne rompait pas toujours cette puissance ou cette tutelle, ou s'il la rompait, c'était pour la faire passer sous un nouveau pouvoir, celui de son mari, pouvoir spécial appelé *manus.*

Cette *manus* pouvait s'acquérir de trois manières : d'abord *peræs et libram,* c'est-à-dire par les formes primitives de la vente, le mari achetait du chef de famille son autorité sur celle qui devenait sa femme ; ou bien par les cérémonies religieuses et symboliques de la *confarreatio;* ou enfin *usu,* c'est-à-dire par la possession de la femme par le mari pendant une année entière; celle-ci, toutefois, pouvait se soustraire à cette prescription véritable en quittant pendant trois nuits le domicile conjugal. Ne voit-on pas ici se révéler en entier le caractère des premiers Romains? Pour eux, la femme n'était en quelque sorte qu'une chose qu'ils pouvaient également vendre, également prescrire.

Et quels étaient les effets de la *manus?* Ils étaient analogues à ceux de la puissance du chef de famille. La femme n'était rien, ne possédait rien ; tous ses biens passaient à son mari. Sa personnalité juridique, comme celle de tous les *alieni juris,* étant annihilée, ne faisait plus qu'une avec celle de son mari, et dans ses rapports avec lui elle était comme sa fille, *loco filiæ.* Dans cette situation, pas de donations possibles entre époux. Quels biens eût-elle pu lui donner, elle qui ne possède rien? Quels biens eût-elle pu recevoir, elle qui ne peut rien acquérir pour elle-même? Le mari, en lui donnant, se fût ainsi gratifié lui-même. En un mot, comme l'a fort bien dit Grenier : « L'unité de personnes excluait toute possibilité de convention. » *Donat.*, I, p. 36).

A côté de ce mariage avec la *manus* pour le mari, ne tarda pas à se placer une sorte de mariage libre, dans lequel la femme conservait, au contraire, sa personnalité et ses biens entièrement distincts de la personnalité et des biens du mari. Dans ce cas, tout contrat devenait possible entre elle et son mari ; car il y avait alors et deux volontés et deux patrimoines. Ainsi une donation pouvait avoir lieu entre eux comme tout autre convention. Et, à cet égard, tous les doutes ont été levés par la découverte des fragments du Vatican, dont le § 302 nous indique les époux parmi les personnes qui, par exception, n'étaient pas soumises au taux fixé pour les donations par la loi Cincia.

Ainsi, pendant cette première période, les donations entre mari et femme, non soumise à la *manus*, étaient permises, et de plus encore favorisées, comme le prouve cette exception de la loi Cincia. Mais à cette liberté, à cette faveur même, succéda bientôt une prohibition absolue.

II' ÉPOQUE.

De quelques années après la loi Cincia, à un sénatus-consulte rendu sous Sévère et Caracalla (an 206 après J.-C.).

§ 1. — *Origine et motifs de la prohibition.*

Pendant cette période, les donations entre époux furent entièrement défendues. Comment s'établit cette défense ? Par l'usage, nous dit Ulpien (l. 1, D., *de don. int. vir. et ux.*). Mais quels faits donnèrent naissance à cet usage ? Les lois 1, 2 et 3 du même titre nous les expliquent. Avec les conquêtes de Rome s'accrut promptement la richesse particulière et en même temps le luxe et la licence, devant lesquels ne tardèrent pas à disparaître les mœurs dures, mais honnêtes, des premiers Romains. Même au foyer domestique, l'intérêt, la cupidité prirent la place du désintéressement et de l'amitié ; pour les satisfaire et obtenir de l'amour aveugle ou de la faiblesse d'un époux des libéralités exagérées, que de séductions, que de menaces même étaient alors mises en jeu. C'étaient encore et surtout les menaces du divorce, menaces toutes puissantes à une époque où une certaine Thelesina en était à son dixième mari en moins de trente jours (Martial, VI, 7) et où des femmes d'illustre et noble famille, nous dit Sénèque, comptaient leurs années par le nombre non des consuls, mais de leurs maris.

L'intérêt personnel des époux, la dignité même du mariage ne réclamaient-ils pas une prompte répression? Elle fut sévère, et pour mettre fin à ces convoitises, causes de tant de désordres, on défendit entièrement les donations entre époux. Pour se rendre un compte exact de l'étendue de cette prohibition, il nous faut entrer dans quelques détails et voir à quelles personnes et à quelles donations elle s'appliquait ou non, et ensuite quelle en était la sanction.

§2. — *A quelles personnes s'applique la prohibition?*

I. — La prohibition des donations entre époux ne concerne que les personnes portant le titre de *vir et uxor*, que, seul, le mariage dit *justæ nuptiæ* peut conférer. Jusqu'au jour de l'accomplissement de ce mariage, la capacité des futurs époux reste pleine et entière; mais à ce jour même, elle est atteinte par la prohibition. Il est donc nécessaire de savoir à quel moment précis le mariage est accompli.

Sur ce point, les commentateurs ne sont pas d'accord. Pour les uns, il n'y a mariage accompli que par la tradition, la remise de la femme au mari, c'est-à-dire quand elle est entrée à son domicile; pour les autres, le mariage existe par le seul fait du consentement, et la loi 66, pr., de notre titre vient à l'appui de cette opinion. Une femme sur le point de se marier, avant la signature du contrat de dot et son entrée au domicile de son mari, fait à celui-ci une donation de pièces d'or. Cette donation est-elle valable? Peu importe, dit Scœvola, que le contrat eût été signé ou non, que la femme eût été ou non conduite au domicile de son mari (faits qui le plus souvent ont lieu après l'union contractée), la donation sera nulle si elle n'a été faite avant l'accomplissement du ma-

riage, ce qui s'entend du consentement « *nisi ante matri-
monium contractum, quod consensu intelligitur, do-
natio facta esset, non valere.* »

Quoi qu'il en soit, dès qu'il y a mariage, toute donation
est interdite entre époux, mais faite avant ou après, elle est
et demeure valable. Ainsi, des fiancés peuvent valablement
se donner. Il en est de même des époux divorcés ; mais si le
divorce est déclaré nul, le mariage est censé n'avoir pas été
dissout ; de là, toute donation faite pendant ce divorce sera
annulée. Et même, s'il a été accompli valablement avec les
formes et les conditions voulues, il ne fallait pas qu'il n'eût
eu pour but que d'arriver à échapper à la prohibition des donations. Mais alors quand le divorce sera-t-il réputé sérieux ?
C'était là une question toute de fait ; quelques jurisconsultes
cependant ne l'estimaient sérieux qu'autant qu'une des
parties avait contracté un second mariage ou qu'il se fût
écoulé un certain temps suffisant pour ne laisser aucun
doute sur la sincérité du divorce.

La donation faite pendant le mariage est nulle, mais que
décider si le mariage vient à être déclaré nul ? Ainsi (l. 3, § 1),
la fille d'un sénateur a épousé un affranchi, un président de
province une femme de sa province, un tuteur sa pupille,
et plus tard le mariage est annulé selon les sénatus-consultes
qui le défendaient entre ces diverses personnes. Les donations
qu'ils ont pu se faire devraient, semble-t-il, être maintenues,
puisqu'il n'y a pas eu mariage et qu'ainsi le donateur et le
donataire n'étaient pas *vir* et *uxor*. Non cependant, elles
seront annulées. Il ne faut pas, dit Ulpien, que ceux-là qui
ont violé les lois soient traités plus favorablement que ceux
qui les ont observées. Mais, détail caractéristique de l'avarice
des Romains, les biens donnés étaient confisqués par les
rationales au profit du fisc, trésor du prince ; plus tard,

toutefois, des constitutions impériales décidèrent que le donateur, s'il était de bonne foi, pourrait reprendre ce qu'il avait donné.

A Rome, l'union résultant des justes noces n'était pas la seule légitime, le *concubinatus* était aussi une union légitime reconnue par la loi ; il ne différait des justes noces que par le degré d'affection du mari et de la considération sociale de la femme. Entre ces personnes, la donation est-elle permise ? Oui, elle l'est, car la prohibition n'atteint que les époux ayant le titre de *vir* et *uxor*, titre conféré uniquement par les *justæ nuptiæ*. Cependant il pourrait paraître étrange que la donation ne fût pas défendue entre concubins, quand tous les motifs d'entraînement, de séductions qui la font défendre entre *vir* et *uxor* se présentent également ici et avec plus de force encore. Ne doit-on pas redouter davantage les artifices d'une femme qui ne doit le plus souvent qu'à sa condition obscure ou à ses mauvaises mœurs de n'avoir pu obtenir le titre et le rang de l'*uxor ?* Mais, nous disent les jurisconsultes, il n'y a pas ici de dignité de mariage à sauvegarder, but principal de la prohibition des donations entre époux. Toutefois, des constitutions d'Arcade et d'Honorius, de Théodose, Valentinien, Gratien vinrent restreindre à de certaines limites cette liberté des donations entre concubins. D'après un édit de Domitien (*C. de incest. et inut. nupt.*), les femmes incestueuses et adultérines étaient frappées d'une incapacité absolue de recevoir.

Le soldat ne pouvait aussi rien donner à sa *focaria (l. 2, C., de don. int. vir. et ux.)* ; on voulait les détourner de ces unions qui ne pouvaient qu'énerver leur courage et les conduire à leur ruine.

L'Empereur et l'Impératrice n'étaient pas atteints par la prohibition des donations entre époux ; sans doute c'eût été leur faire injure que de supposer qu'entre personnes si augustes des séductions eussent été possibles comme entre d'autres époux.

II. — Il eût été assez facile, si l'on n'y avait pris garde, d'éluder cette prohibition des donations entre époux, en faisant ces donations à certaines personnes par l'intermédiaire desquelles l'autre époux les eût réellement reçues. Mais la loi avait établi certaines présomptions légales d'interposition de personnes, dont la base était l'organisation même de la famille. Tous ceux qui sont soumis à la puissance domestique d'un chef de famille *paterfamilias* ne peuvent rien acquérir qui ne lui appartienne aussitôt; donc, sous peine de rendre la prohibition illusoire, on doit défendre les donations aux enfants ou aux esclaves de son époux. D'un autre côté, les enfants soumis à cette puissance sont appelés à recueillir la succession du *paterfamilias;* de là encore est défendue la donation au *paterfamilias* de son époux. Il en est aussi de même de la donation du beau-père à son gendre ou à sa bru, car il est censé donner pour sa fille ou son fils, ses héritiers; de même enfin des donations de beau-père à beau-père.

Pour faire une juste application de ces prohibitions, il ne faut pas perdre de vue qu'elles n'existent que par suite du lien de la *patria potestas* et non de la parenté. Ainsi, dès que ce lien sera rompu, à l'instant cessera la prohibition. Un mari pourra donc donner au père de sa femme, si par exemple elle a été émancipée, car l'émancipation rompt le lien de la puissance paternelle. Et ce qui démontre encore avec évidence que ce n'est pas aux liens du sang qu'il faut s'attacher, c'est que si la femme ne peut pas donner aux enfants que son mari a eus d'un premier mariage, parce que ceux-ci sont sous sa *patria potestas*, au contraire, le mari pourra donner aux enfants que sa femme aurait eus d'un premier mariage, parce que ceux-ci ne sont pas sous la *patria potestas* de leur mère, les femmes à Rome n'ayant jamais eu cette puissance paternelle qui leur avait été refusée pour des motifs surtout politiques.

Dans tous ces cas, les juges n'avaient qu'à constater le lien qui unissait le donateur et le donataire, pour annuler la donation. L'interposition de personnes était alors une présomption légale. Dans les autres cas, au contraire, c'était aux intéressés, s'ils soupçonnaient que l'un des époux avait été le véritable donataire, à prouver que telle personne n'était qu'en apparence donataire, mais en réalité personne interposée. La preuve faite de cette interposition, la donation était annulée. Les textes nous en donnent quelques exemples. Ainsi (l. 3, § 13), un mari ordonne à son débiteur de payer à sa femme ; une femme s'engage à payer le créancier de son mari, et tous les deux dans un but de libéralité. La femme en recevant le paiement du débiteur, le mari en se trouvant libéré envers son créancier, reçoivent bien par là une donation ; est-elle valable ? Non, et la femme sera tenue de rendre à son mari la somme reçue du débiteur, et le mari de rembourser à sa femme ce qu'elle a payé pour lui.

Telles étaient les personnes que frappait la prohibition des donations entre époux ; voyons maintenant à quelles donations elle s'appliquait.

§ 3. — *A quelles donations s'applique la prohibition.*

I. — Cette prohibition ne s'applique à une donation qu'autant qu'elle est accomplie pendant le mariage. A Rome une donation, comme tout autre contrat, n'est parfaite qu'autant qu'après le consentement des parties il y a eu remise de l'objet donné par le donateur au donataire, ou à une personne chargée par lui de recevoir à sa place. Ulpien, dans la loi 5, nous en donne un exemple. Un fiancé a donné à un individu, soit Titius, une certaine somme pour la remettre à sa fiancée qu'il veut ainsi gratifier ; Titius ne la remet qu'après le mariage contracté. La donation est-elle valable? Non. Au contraire, si la fiancée avait donné ordre, avant le mariage, à Titius de recevoir pour elle, la donation sera valable, Titius n'eût-il même remis l'objet à la femme qu'après le mariage. D'où vient cette différence? C'est que, dans le premier cas, si le donateur a bien remis l'objet avant le mariage à Titius, la femme, elle, n'a connu la donation et n'a pu ainsi l'accepter que lors de la remise par Titius à elle-même après le mariage ; et, dans le second cas, la femme a accepté la donation avant le mariage, en donnant ordre à Titius de recevoir pour elle, et il y a eu aussi remise de l'objet avant le mariage, et ainsi la donation a été parfaite à un moment où le donateur et le donataire pouvaient encore se donner et recevoir.

Quelque soit le but de la donation, droit de propriété, d'usufruit, même de simple possession, elle est interdite pendant le mariage. Toutefois, dans certains cas favorables, on maintenait les avantages qu'un des époux avait pu retirer de la possession des choses de son époux ; ainsi le déclare Paul (l. 28, § 2), pour les services que l'un d'eux a pu obtenir des esclaves de l'autre.

De l'inaction seule de l'un des époux peut encore résulter une donation ; mais elle est également défendue. Ainsi (loi 5, §§ 6 et 7) un mari a pu laisser s'éteindre un droit de servitude établi sur le fonds de sa femme, ou se laisser condamner sans faire valoir ses droits, et cela dans un but de donation. Dans ces cas, bien qu'en droit la servitude soit éteinte et le jugement valable, on n'en donnera pas moins à l'époux donateur ou à ses héritiers une action pour faire revivre la servitude, ou pour obtenir réparation du tort causé par la condamnation.

II. — Telle est la règle générale de prohibition de toute donation entre époux, mais elle comporte certaines exceptions même assez nombreuses. On peut les ramener à trois groupes principaux : 1° celles dont l'effet ne doit se produire qu'après la dissolution du mariage; 2° celles qui n'enrichissent pas le donataire ou n'appauvrissent pas le donateur; 3° celles qui, véritables libéralités cette fois, ne peuvent être considérées que comme de simples présents d'usage.

1° Sont exceptées de la prohibition les donations dont l'effet ne doit se produire qu'après le mariage ou qui ne sont faites qu'en vue de sa dissolution ; telles sont les donations *mortis causa, divortii causa, exilii causa.*

Les donations à cause de mort sont celles qui sont faites sous la condition de survie du donataire au donateur et qui sont révocables au gré de ce dernier jusqu'à sa mort.

Entre étrangers, cette donation pouvait avoir lieu soit sous condition résolutoire, soit sous condition suspensive. La première, la condition résolutoire, devait être interdite entre époux. Et, en effet, permettre au donateur, tout en conservant son droit de révocation, de se dépouiller immédiatement en faveur du donataire, n'eût-ce pas été autoriser la violation même des règles prohibitives des donations entre époux?

La donation à cause de mort était donc loin de présenter les mêmes dangers que les donations *inter vivos*. Révocable au gré du donateur, caduque par le prédécès du donataire, elle n'appauvrissait pas l'époux qui la faisait, elle ne dépouillait que ses héritiers.

A la mort du donateur, le donataire devient propriétaire, mais le devient-il rétroactivement? Question importante, car s'il y a rétroactivité, il va acquérir avec la chose donnée tout ce qui est venu s'y joindre du jour de la donation ; ainsi, s'il s'agit du don d'un esclave, il profitera de toutes les acquisitions et stipulations que cet esclave aura pu faire, de tous les legs qu'il aura pu recueillir. Sur ce point, les textes ne sont pas également explicites; et si, d'après la loi 11, §§ 1 et 9, on devait en fait apprécier l'intention des parties, on peut cependant décider, d'après la loi 40, *de mort. causa donat.*, que la règle générale devait être la rétroactivité.

De même étaient permises les donations faites *divortii causa ;* elles ne pouvaient avoir lieu qu'au moment du divorce, et non en vue d'un divorce possible. Quand les époux reconnaissent qu'ils ne peuvent plus vivre ensemble, il n'y a pas de séductions, pas d'entraînements à redouter. Si cependant, avant de se séparer, ces époux se font des libéralités, ce ne peut être que par reconnaissance de soins dévoués, et il n'y a là rien d'étonnant, puisque même la vieillesse, la maladie, la stérilité, l'entrée dans le sacerdoce ou le service militaire étaient des causes légitimes de divorce.

L'exil à Rome dissolvait le mariage ; toutefois, si la femme, par affection pour son mari, voulait l'accompagner dans son exil, elle le pouvait, et par humanité on maintenait le mariage. Dans ce cas, sous peine de dureté et d'injustice, était-il possible de défendre des donations qui ne sont qu'un témoignage de reconnaissance pour ce dévouement, alors surtout qu'elles étaient permises par suite de la dissolution du mariage, en faveur des femmes qui n'avaient pas le courage de partager l'infortune de leurs maris après avoir partagé leur prospérité ?

2° Dans un deuxième groupe de donations échappant à la prohibition générale, se placent celles qui n'enrichissent pas le donataire ou n'appauvrissent pas le donateur. Mais comment peut-il y avoir alors une véritable donation ? Oui, en thèse ordinaire, il n'y aurait pas là donation, mais ici, en ce qui concerne les époux, les jurisconsultes romains avaient singulièrement étendu le sens de ces mots : enrichir et appauvrir. Ainsi, pour eux, ne s'était pas appauvri l'époux qui renonce à une succession ou à un legs, dans le but même avoué de les laisser à sa femme, appelée à les recueillir à son défaut (l. 5, § 13, 14, et l. 31, § 7). De même n'était pas enrichi l'époux donataire qui recevait de son conjoint un terrain destiné à servir de sépulture, à bâtir un temple, un édifice public ; car, par suite de cette destination, le terrain allait devenir *res nullius*. Etaient encore valables les dons faits par la femme à son mari dans le but de payer les dépenses nécessaires pour arriver à certaines dignités, pour donner des jeux publics (l. 40, 41, 42, l. 5, § 17). Enfin, et c'est ici surtout qu'apparaît cette extension considérable dont nous parlions, si la maison de l'un des époux a été incendiée, l'autre époux pourra valablement lui donner la somme nécessaire pour la rebâtir (l. 14) ; le donataire ne se sera pas enrichi, il n'aura évité qu'une perte.

3° En dernier lieu, étaient permises entre époux les libéralités qui par leur caractère et leur peu d'importance ne sont évidemment destinées qu'à entretenir la bonne harmonie. Tels sont les présents faits à de certaines époques, aux calendes de mars, aux fêtes de Saturne, aux anniversaires des naissances (l. 31, § 8). Ainsi encore étaient valables les dons de fruits et intérêts quand ils n'étaient pas considérables, excepté cependant pour les fruits et intérêts dotaux (l. 73, *de jure dot.*), à moins que la femme ne s'engageât à se nourrir elle et les siens ; c'est qu'en effet ces fruits et intérêts de la dot devaient aider le mari à supporter les charges du ménage.

§ 4. — *Sanction de la prohibition.*

Toute donation qui tombait sous le coup de la prohibition était frappée d'une nullité absolue (l. 3, § 10) ; il suffisait d'en prouver l'existence pour la faire anéantir. Mais puisque la donation a été exécutée, il faut cependant donner au donateur certaines actions pour en annuler les effets ; quelles seront ces actions ? La donation a pu être ou directe, ou indirecte entre les époux ; examinons séparément ces deux cas.

I. — *Donations directes.* — L'époux donateur a pu vouloir conférer à l'époux donataire, ou un droit réel, ou un droit personnel, ou bien encore le libérer d'une obligation.

1º Pour transférer un droit réel, le donateur a dû employer les modes exigés à cet effet. Ainsi, s'il a voulu donner un objet quelconque, c'est-à-dire le droit de propriété sur cet objet, il a dû en faire remise, tradition au donataire. Or, puisque cette remise n'a eu lieu que pour accomplir une donation et que cette donation est nulle, la remise elle-même est nulle et ne peut produire aucun effet, et le donateur n'en est pas moins resté propriétaire. Mais alors comment va-t-il rentrer en possession de l'objet donné ? A cet égard, il faut distinguer suivant que cet objet existe encore ou non.

a) — Si cet objet existe tel qu'il a été donné, dans les mains du donataire ou même dans les mains des tiers qui n'ont pu encore usucaper, le donateur aura une action en revendication.

Par cette action, il va reprendre sa chose telle qu'elle se trouve, améliorée ou détériorée. Ainsi a-t-il donné un terrain, et sur ce terrain le donataire a-t-il élevé une construction ; lui donateur, resté propriétaire de ce terrain, va le reprendre, et avec lui la construction dont il devient propriétaire selon la maxime : *œdificium solo cedit*. Mais évidemment, il devra indemniser le donataire de ses dépenses au moins utiles (l. 31, § 2). Si au contraire l'objet donné avait été détérioré, lui seul, donateur, en souffrira, à moins que le donataire n'eût retiré un certain profit de ces détériorations, auquel cas ce dernier devra lui rembourser ce dont il a profité.

L'objet donné a pu produire des fruits, le donataire devrat-il les rendre avec l'objet lui-même ? D'après Ulpien (l. 15, § 1), et Julien (l. 17), non ; il pourra les garder. Pomponius (l. 45, *de usur. et fruct.*) fait une distinction ; ces fruits sont-ils venus naturellement, sans ses soins, il devra les rendre ; si au contraire ils ne sont dus qu'à ses travaux, il aura le droit de les garder.

La loi 63 examine un cas particulier, celui où les objets donnés sont des matériaux que le donataire a employés à construire un édifice. D'après la loi des XII Tables, si des matériaux appartenant à autrui ont, à son insu, été employés à une construction, le constructeur ne peut pas être soumis à une action en revendication, ou *ad exhibendum*, dont le résultat serait la ruine de l'édifice ; il était soumis à une action particulière, dite de *tigno juncto*, par laquelle il était condamné à payer au double la valeur des matériaux. Or ici, ce qui pouvait faire difficulté, c'était que les matériaux ont été employés avec l'assentiment de l'époux propriétaire qui les a donnés, et que cependant cette donation doit être annulée. D'après Nératius, la loi des XII Tables ne peut s'appliquer, puisqu'il y a eu consentement du propriétaire des matériaux ; alors il faut donc revenir au droit commun et lui accorder une action en revendication ou *ad exhibendum*. Paul, au contraire, décide, et avec raison, que le donateur n'aura pas l'action de la loi des XII Tables, ni même d'action en revendication. N'y aurait-il pas, en effet, injustice flagrante à lui accorder des actions qui auraient pour conséquence de faire abattre ce qu'il a consenti à voir élever, alors qu'on les refuse à celui qui a été dépouillé ou volé ? Mais la donation, en fait, sera-t-elle donc maintenue ? Non ; on devait sans doute accorder au donateur une action personnelle *condictio* pour obtenir au moins la valeur des matériaux qu'il ne peut recouvrer.

b) — Si l'objet donné n'existe plus, c'est le donateur seul resté propriétaire qui en supportera la perte (l. 28, pr.), alors même qu'il eût péri par le fait du donataire. Toutefois, s'il est vrai que le donateur ne peut réclamer ce qui n'existe plus, du moins il ne faut pas non plus que le donataire s'enrichisse à ses dépens ; aussi va-t-on lui donner une action personnelle, *condictio sine causa* ou *ex injusta causa*, mais qui ne lui donnera de recours que dans les limites de l'enrichissement du donataire, *quatenus locupletior factus est* (l. 5, § 18, et loi 6).

Ainsi l'objet donné était une somme d'argent ; dès que les pièces de monnaie ont été mêlées avec celles du donataire, plus de revendication possible, car le donateur ne peut plus reconnaître ses pièces d'argent et dire avec certitude : *hæc res est mea ;* cependant il aura recours pour toute cette somme, à moins que le donataire ne prouve l'avoir dépensée sans en retirer aucun bénéfice. Si avec cet argent le donataire a acheté un objet quelconque, le donateur n'a droit qu'à la valeur de cet objet, à moins qu'elle ne soit supérieure à la somme donnée, et dans ce cas il ne recouvrait que cette somme dont il s'était seulement appauvri (l. 7, § 3). Si, au contraire, l'objet acheté était d'une valeur inférieure, cette valeur seule lui était accordée, et même il n'obtenait rien si cet objet avait péri, car le donataire alors n'était pas plus riche qu'avant la donation (l. 28, § 3 — l. 50, § 1).

Il était très-important, dès lors, de préciser à quelle époque il fallait estimer l'enrichissement du donataire, qui fixe ainsi les limites du recours du donateur. Cette époque était celle de la *litis contestatio*, c'est-à-dire de la demande, moment où le procès est engagé. Rien de plus juste en effet, autrement le donateur eût pu être victime des résistances et des retards calculés du donataire (l. 7, pr., § 3).

Outre ces diverses actions, le mari avait un droit spécial ; en restituant la dot, il lui était permis d'y exercer certaines retenues, et entre autres celle d'une égale valeur aux objets qu'il avait pu donner, et dite pour cela *ob res donatas* (Ulp., VI, § 9). La femme, de son côté, avait bien aussi une action particulière, *rei uxoriæ*, par laquelle elle pouvait réclamer tout ce qui lui était dû ; mais cette action était moins avantageuse que les autres, en ce qu'elle ne lui donnait de recours contre son mari que dans les limites du bénéfice de compétence : *quatenus facere potest*.

2° La donation pouvait résulter d'une stipulation ou d'une acceptilation ; dans ce cas, il suffisait, pour repousser les prétentions du donataire, d'invoquer la nullité, *ipso jure*. La stipulation n'a pu créer aucune obligation et l'acceptilation n'a pu éteindre l'ancienne obligation.

Toutefois, dans un certain cas, l'acceptilation se trouvait forcément maintenue. Si un mari a deux débiteurs corréaux, sa femme et Titius, s'il ne fait acceptilation, c'est-à-dire remise de dette qu'à la femme, ni celle-ci, ni Titius ne seront libérés ; s'il ne fait acceptilation qu'avec ce dernier, lui seul, et non la femme, sera libéré (1. 5, § 1). Mais, comme le fait remarquer M. Demangeat (*Oblig. solid.*, p. 35 et s.), cette dernière solution n'est vraie qu'autant qu'entre la femme et Titius il n'y a pas société ; si, au contraire, ces deux débiteurs sont *socii*, l'acceptilation faite à Titius devra forcément libérer la femme elle-même ; autrement, si elle devait rester tenue, elle aurait toujours, en vertu de la société, recours contre Titius. Donc la donation va se trouver ainsi indirectement maintenue.

II. — *Donations indirectes.* — Nous avons vu que ces donations étaient elles-mêmes défendues, et il ne pouvait en être autrement. Ainsi, un des époux a, par inaction, laissé s'éteindre une servitude établie à son profit sur le fonds de l'autre ou s'est laissé condamner aussi dans son intérêt ; il aura, dans ces cas, une *condictio* pour obtenir réparation du dommage causé par la condamnation ou faire revivre la servitude (1. 5, § 6).

La donation a pu se faire encore entre époux, par l'intermédiaire d'un tiers ; elle n'en est pas moins nulle évidemment. Ainsi une femme a promis à un créancier du mari de le payer (1. 5, § 4), cette promesse est nulle ; la femme repoussera *ipso jure* le créancier qui voudrait la poursuivre. Ou bien une femme, sur l'ordre de son mari qui veut lui faire une donation, a stipulé d'un débiteur de celui-ci la somme qu'il doit ; cette stipulation est nulle et la femme ne peut rien demander au débiteur. Si cependant ce dernier lui paie la somme stipulée, il ne sera pas pour cela libéré envers le mari, son créancier, et si celui-ci le poursuit, il pourra réclamer à la femme ce qu'il lui a payé, ou céder au mari ses actions, qui agira contre elle en son nom à lui débiteur (1. 39). Il en serait tout autrement si le débiteur avait payé à la femme sur l'ordre du mari (l. 3, § 1). Ce paiement sera valable. C'est qu'en effet, un débiteur peut valablement payer, soit à son créancier, soit, ce qui est notre hypothèse, à une personne désignée par lui. Toutefois, la femme ne peut devenir propriétaire de la somme qu'elle a reçue, la prohibition des donations le défend; c'est alors le mari qui, par son intermédiaire, en est devenu propriétaire, et comme tel, il aura une action pour lui réclamer cette somme.

Si la donation a été déguisée sous l'apparence d'un contrat à titre onéreux, il y a quelques distinctions à faire, comme nous le verrons en traitant plus loin de ce genre de contrat.

IIIᵉ ÉPOQUE.

Depuis le sénatus-consulte rendu sous Sévère et Caracalla (An 206).

———

§ 1ᵉʳ. — *Origine et effets de ce sénatus-consulte.*

Sous les empereurs Sévère et Caracalla se produisit une transformation complète dans les règles des donations entre époux. Il arrivait fréquemment que des époux, ignorants des lois, qualifiaient aussi bien les libéralités qu'ils se faisaient entre eux de donation entre-vifs que de donation à cause de mort. Un abîme cependant existait entre elles; nous l'avons vu, puisque les premières étaient nulles et que les secondes, au contraire, étaient valables. D'un autre côté, il était facile de maintenir même les donations faites en dépit de la prohibition; pour cela, le donateur n'avait qu'à prendre le soin de les confirmer dans son testament.

Devant ces faits, le législateur crut de son devoir de venir au secours des ignorants, et tout en protégeant les époux contre leur faiblesse ou un entraînement possible, d'empêcher les héritiers d'arracher ces donations au survivant contre la volonté suprême du donateur (l. 32, § 2). Au lieu d'une confirmation expresse, il ne demanda à celui-ci qu'une confirmation tacite suffisamment révélée par sa persévérance dans sa libéralité jusqu'à sa mort. Ce fut un sénatus-consulte paru sous Septime Sévère et son fils Antonin, surnommé plus tard Caracalla, qui accomplit cette transformation. La donation entre époux cessait d'être prohibée; elle devenait permise, mais révocable. Le Code de 1804 a, dans son art. 1096, consacré ce sénatus-consulte.

La donation entre époux, faite entre-vifs, se trouve ainsi assimilée à la donation à cause de mort; comme elle, elle est révocable; comme elle aussi, elle est caduque par le prédécès du donataire ou le divorce, ainsi que nous le verrons; comme elle enfin, elle est soumise à la loi *Falcidie* (l. 5 et 12, *ad leg. Falcid.*, C.). Cependant ces deux donations ne se confondaient pas; et, en effet, tandis que la donation à cause de mort n'avait pas besoin d'être insinuée (l. 4, *don. mort. causa*, C.), la donation entre-vifs n'était valable, si elle dépassait le chiffre de 500 solidi sous Justinien, qu'à la condition d'avoir été insinuée (l. 25, *de don. int. vir. et ux.*, C., *et Nov. 162, cap. I, § 2*).

Jusqu'à son décès, le donateur conserve le droit de révoquer; jusqu'à ce jour, la donation est inutile, le donataire n'y a aucun droit; il ne l'acquiert qu'à ce décès. Mais l'acquiert-il rétroactivement? Nous avons déjà vu l'importance de cette rétroactivité à propos de la donation à cause de mort. Ici la question est beaucoup plus facile à résoudre. La loi 25, *au Code, de don. int. vir. et ux.*, ne semble laisser place à aucun doute. Cependant on a contesté, en s'appuyant sur la loi 12, *au Code, ad leg. Falcid.*, qui déclare cette donation soumise à la loi *Falcidie*, comme les libéralités testamentaires ; donc, a-t-on pu dire, il n'y a pas plus de rétroactivité pour le donataire que pour le légataire. Mais, d'abord, cette loi 12 ne contredit pas formellement la loi 25 ; de plus, si elle applique à ces donations la *Falcidie*, c'est qu'effectivement, en fait, c'est la mort seule du donateur qui les rend définitives, comme les legs ; et enfin comment repousser les termes si formels de la loi 25 ? Donc il faut reconnaître la rétroactivité au droit du donataire.

Voyons maintenant à quelles personnes et quelles donations s'applique ce sénatus-consulte et quels faits peuvent empêcher la confirmation.

§ 2. — *A quelles personnes et quelles donations s'applique le sénatus-consulte ?*

Le sénatus-consulte de Sévère et Caracalla n'a fait aucune distinction ; il s'applique donc à toutes les donations possibles entre époux, faites directement ou indirectement entre eux, par l'intermédiaire de certaines personnes ou sous la forme de contrats onéreux (l. 32, § 16). Ainsi un mari peut donner à sa femme, un beau-père à son gendre ou à sa bru, etc. Mais dans ce dernier cas, par exemple, est-ce la mort du beau-père donateur ou du fils censé donateur qui confirmera la donation ? D'après Papinien (l. 32, § 16), pour qu'il y ait confirmation, il faut que le beau-père meure après son fils et avant sa bru.

Il s'applique également à toute donation, quelque soit son but, translation de droits réels ou de droits personnels.

Toutefois, on a contesté cette dernière affirmation et on a soutenu qu'il ne devait pas s'appliquer aux donations de droit de créance. Dans la loi 23 de notre titre, Ulpien, en effet, nous dit : Papinien pensait avec raison, *recte putabat*, que le sénatus-consulte concernait les donations de droits réels. Et il ajoute : Mais il ne pensait pas que l'héritier du mari pût être poursuivi pour une obligation contractée par lui envers sa femme, alors même qu'il n'eût pas révoqué cette donation. D'un autre côté, cependant, dans la loi 32, §§ 1 et 23, et la loi 33, pr., et § 2, le même jurisconsulte Ulpien nous déclare en termes formels que les donations de droits de créance, non révoquées par le mari, seront maintenues d'après le sénatus-consulte.

De là, comment appliquer le sénatus-consulte et comment expliquer le désaccord d'Ulpien avec lui-même ? Des commentateurs ont voulu, pour y arriver, qu'il y ait eu deux sénatus-consultes, l'un rendu sous Sévère, que Papinien interprétait dans la loi 23 ; l'autre plus étendu, rendu sous Antonin Caracalla et exposé dans les lois 32 et 33. Non, c'est inadmissible, et nulle part il n'est question de deux sénatus-consultes sur ce point ; et de plus, Ulpien était trop jeune pour écrire sur le premier avant que le second n'eût été rendu et il est mort jeune. Voici ce qu'il y a de vraisemblable. Papinien interprétant strictement la lettre même du sénatus-consulte, ne l'appliquait qu'aux droits réels, et Ulpien s'attachant plus à son esprit qu'à son texte, ne distinguait pas. Mais reste alors la contradiction d'Ulpien avec lui-même. Pour l'expliquer, on peut dire : il est probable qu'après avoir approuvé Papinien par ce mot *recte*, Ulpien devait donner aussi son avis sur le second membre de phrase où Papinien refusait l'application du sénatus-consulte aux droits personnels ;

mais il faut se rappeler que Théodose avait, par sa loi des citations, ordonné de ne tenir aucun compte des notes d'Ulpien et de Paul sur Papinien, et ainsi on aura maintenu l'approbation et supprimé le blâme d'Ulpien sur l'opinion de Papinien.

§ 3. — *Des Obstacles à la confirmation.*

La donation entre époux n'est confirmée qu'autant que le donateur ne l'a pas révoquée, que le donataire n'est pas mort avant le donateur ou qu'il n'y a pas eu divorce. Ainsi la révocation par le donateur, le prédécès du donataire, le divorce, sont autant de faits qui anéantissent la donation.

I. — D'après le sénatus-consulte de Sévère, le donateur peut donc, s'il regrette la donation qu'il a faite à son époux, la révoquer quand il lui plaît. S'il déclare d'une manière expresse sa volonté, alors pas de difficultés possibles, la donation s'évanouira. Mais il n'en sera pas toujours ainsi, et il y aura souvent lieu à interpréter certains actes qu'il aura pu faire depuis la donation, et à voir si, en les accomplissant, il n'a pas eu l'intention de révoquer. Si l'époux donateur a aliéné d'une façon quelconque l'objet qu'il avait déjà donné, il est clair que cette aliénation est une preuve évidente de son repentir et de sa volonté d'anéantir la donation. Que décider s'il n'a fait qu'accorder sur cet objet un droit de gage ou d'hypothèque ? Les juriconsultes déclaraient que ces droits conférés anéantissaient la donation, aussi bien que la vente (l. 32, § 5, et C., l. 12, *de don. int. vir. et ux*). Justinien, au contraire, a décidé, et avec raison, dans sa Novelle 162, que ces faits ne suffiraient plus pour révoquer la donation ; c'était, en effet, aller plus loin que l'intention du donateur, qui n'a sans doute conféré ces droits que par nécessité, sans vouloir annuler la libéralité qu'il a faite.

II. — Il ne suffit pas que la donation n'ait pas été révoquée, il faut en outre que le donataire soit capable de la recevoir, quand elle devient définitive, c'est-à-dire au décès du donateur. Si donc le donataire est mort le premier, la donation qui n'était faite qu'à lui disparaît.

Il en est de même si le donataire a subi la *maxima capitis deminutio* lors du décès du donateur, car il n'est plus citoyen romain, et par là il a perdu toute capacité ; ainsi s'il a subi la note d'infamie ou s'il est devenu esclave.

Toutefois, si son esclavage résulte de sa captivité chez l'ennemi, il y a quelques distinctions à faire. Meurt-il chez l'ennemi avant ou même après le donateur, la donation est caduque, puisqu'au décès de ce dernier il était ou mort ou esclave. Recouvre-t-il sa liberté même après le décès du donateur, alors grâce à une fiction toute romaine, le *jus postliminii*, il sera censé n'avoir jamais perdu sa liberté, et dès lors sa capacité ; il pourra donc recueillir la donation.

Le donateur lui aussi pouvait avoir été fait prisonnier ; si pendant sa captivité le donataire meurt, la donation sera-t-elle ou non confirmée ? Si le donateur revient à Rome, selon le *jus postliminii*, il est censé n'avoir jamais perdu ses droits, et comme le donataire est déjà mort, la donation sera caduque. Si le donateur meurt chez l'ennemi, la donation sera toujours valable fût-il mort, en fait, après le donataire, car d'après une autre fiction de la loi *Cornelia*, tout captif de guerre mort chez l'ennemi était réputé mort au moment où il était fait prisonnier ; donc, dans notre cas, avant le donataire.

Si les deux époux sont décédés ou faits prisonniers en même temps (l. 32, § 14), la donation sera-t-elle confirmée ?

Oui, nous disent les textes, puisqu'on ne peut dire que le donateur ait survécu au donataire.

III. — Le divorce était encore une troisième cause d'infirmation de la donation entre époux. N'est-il pas, en effet, le plus souvent la preuve que l'affection n'existe plus entre les époux ? Du reste même, peu importait que le divorce eût eu lieu *cum bona gratia* ou *cum ira animi* (l. 32, § 10). Mais le donateur était toujours libre de confirmer expressément sa donation, s'il le voulait. La désunion entre les époux *fribuscula*, ou même une habitation séparée, n'étaient pas des causes suffisantes de révocation de donation ; c'est qu'en effet elles n'empêchaient pas le mariage de subsister (l. 32, § 12, 13). S'il y avait réconciliation après le divorce, la donation revivait, à moins qu'il n'y eût eu répétition des objets donnés.

IV. — Il y avait encore quelques autres faits qui pouvaient empêcher la confirmation ; ainsi, comme nous l'avons déjà dit, une donation entre époux, excédant le chiffre de 500 *solidi*, devait être insinuée, sous peine de nullité. Cependant, même non insinuée, elle pouvait être valable, si elle était confirmée par testament ; mais alors il y avait ceci de particulier, c'est qu'elle n'avait pas d'effet rétroactif (l. 25, *de don. int. vir. et ux.*, C.).

L'émancipation des époux pouvait aussi, en un certain cas, infirmer la donation. Si deux beaux-pères (l. 32, § 21) se font donation, puis émancipent leurs enfants, cette donation sera annulée, et pourquoi ? Parce que par le fait de cette émancipation, cette donation ne peut plus être regardée comme faite entre époux, ce qui avait lieu quand les patrimoines des beaux-pères et des enfants sous leur puissance se confondaient.

Si la captivité de l'un des époux n'était pas toujours une

cause d'infirmation de la donation, il en était tout autrement de la servitude de l'un des époux (l. 32, § 6), la donation se trouvait alors anéantie; c'est qu'en effet, cette *maxima capitis deminutio* entraînait l'incapacité de disposer et de recevoir. Il en était de même (l. 32, § 7), si le donateur s'était donné la mort *ob sceleris conscientiam*, ou si sa mémoire a été flétrie *damnata*. Constantin (l. 24, *de don. int. vir. et ux.*, C.) réforma ce point; il ne voulut pas que l'époux non coupable ressentît ainsi le contre-coup de ces condamnations, et il décida que ces peines, comme la mort naturelle, confirmeraient la donation entre époux.

DEUXIÈME PARTIE.

Des Contrats à titre onéreux.

———

Par leur nature même, ces contrats dans lesquels chacun reçoit l'équivalent de ce qu'il donne ne peuvent, on le comprend, présenter les mêmes dangers de séduction, d'entraînement, que les contrats à titre gratuit ou donations, ni dès lors attirer sur eux les mêmes sévérités des lois. Les règles qui les régissent entre étrangers semblent donc devoir s'appliquer entre époux. On ne peut nier, toutefois, qu'il ne soit réellement facile de déguiser sous ces contrats toutes sortes de libéralités. Une législation spéciale pourrait ainsi paraître nécessaire ou au moins très-utile à cet égard.

A Rome, cependant, il n'y eut aucune règle générale pour ces contrats entre époux, ou plutôt la règle que l'on pourrait formuler serait celle-ci : Tout contrat à titre onéreux intervenu entre époux est valable comme entre étrangers à la condition qu'il soit sérieux ; si, au contraire, il n'est que fictif et ne sert qu'à déguiser une donation, alors il est nul.

Cette règle, vraie jusqu'au sénatus-consulte de Sévère et Caracalla, ne l'est plus depuis cette époque ; car ce sénatus-consulte s'appliquait même aux donations déguisées, et dès lors celles-ci étaient non plus nulles, mais révocables. Notre droit français qui, nous le savons, a consacré dans l'art. 1096 le principe de révocabilité de ce sénatus-consulte, s'est, au contraire, montré plus rigoureux pour ces donations déguisées qu'il a cru devoir frapper de nullité; toutefois, cette solution que nous tirerons de l'art. 1099 est vivement controversée, comme nous le verrons.

A l'origine, les contrats entre époux devaient être assez rares; c'est qu'en effet, la femme le plus souvent était sous la *manus* de son mari. Ils ne durent commencer à devenir fréquents qu'à l'époque où la femme eut entièrement conquis son indépendance avec la libre administration et disposition de son patrimoine.

Nous n'aurons sur les contrats à titre onéreux à étudier que les textes assez peu nombreux qui en ont parlé et qui même, s'ils en ont dit quelques mots, se sont tous uniquement placés au point de vue des libéralités qu'ils peuvent dissimuler. Mais il nous faut examiner, en premier lieu, une convention particulière que sa nature rapproche beaucoup des contrats à titre gratuit et qui, pour ce motif, s'est trouvée soumise à des règles toutes spéciales; c'est celle qui consiste dans la garantie donnée par la femme pour son mari, en un mot l'*intercessio*.

I. — *De l'intercessio.* — Sous Auguste, et plus tard sous Claude, il fut défendu aux femmes de se porter caution pour leurs maris (l. 2, *ad Snc. Vell.*, D.). Cette prohibition fut établie dans l'intérêt des femmes; on craignait qu'elles ne cédassent trop facilement aux instances de leurs maris pour cautionner leurs obligations et augmenter ainsi leur crédit, et cela d'autant plus facilement qu'elles ne voient presque toujours dans cet engagement qu'un simple service dont elles sont loin de prévoir toutes les conséquences. Ces motifs déterminèrent même le législateur à étendre la prohibition, et c'est ainsi que sous Claude lui-même un sénatus-consulte Velléien, qui devait rester en vigueur jusqu'en 1804 dans les pays de droit écrit de notre ancienne France, défendit aux femmes de s'obliger pour autrui. Plus tard (C., *ad Snc. Vell.*, l. 22), cependant, on leur permit de confirmer après deux ans leur obligation par un nouvel engagement; mais on fit exception pour les obligations contractées en faveur de leurs maris. De là, quelque fût le nombre de ses confirmations, jamais la femme n'était valablement obligée pour son mari *(Nov. 134, cap. 8)*.

Mais il faut remarquer que la loi ne vient ainsi en aide aux femmes que pour les empêcher d'être les victimes de leur faiblesse aussi bien que de l'ignorance de leur responsabilité. Si donc elles avaient cherché à tromper les créanciers sur la nature de leur engagement, alors ce serait en vain qu'elles invoqueraient le bénéfice établi en leur faveur (l. 2, § 3). La loi peut bien les protéger, mais non les aider à tromper.

II. — *De la vente.* — Une femme, par exemple, achète de son mari les biens qu'il lui a livrés en garantie de sa dot, cette vente entre époux est-elle valable? Oui, nous répondent les lois 5, § 5, et 7, § 6 *(de don. int. vir. et ux.*, D.), si elle est sérieuse et sincère. Si, au contraire, elle dissimule une donation, elle sera nulle. Toutefois, il y a une grande différence à faire entre la vente, qui n'est qu'une donation déguisée, et celle qui, sérieuse en partie, ne contient de donation que par suite de l'excès ou de la faiblesse du prix sur la valeur réelle. La première est absolument nulle; la seconde, au contraire, est valable: seulement la donation ne pouvant être maintenue, le donateur aura une *condictio* pour réclamer, ou une diminution ou une augmentation de prix. Cette opinion, approuvée par Pomponius, était celle de Nératius, de l'école des Proculéiens (l. 5, § 5). D'après Julien, au contraire, jurisconsulte Sabinien, dès que le prix était inférieur à la valeur réelle, il y avait indice suffisant pour faire présumer l'intention de fraude, et dès lors la vente était nulle.

Selon Pothier (*Vente*, n° 39), les Sabiniens auraient fini par l'emporter ; il est plus probable cependant que ce furent les Proculéiens, car Ulpien, venu après les deux écoles, expose, comme correctif à l'opinion de Julien, l'avis de Nératius, sans lui adresser aucune critique, et semble par là l'approuver tacitement. Et Pothier, sans doute, a confondu la vente à moindre prix et celle à vil prix. Oui, la vente à vil prix entre époux doit être et a toujours été déclarée nulle, car un prix vil n'est plus un prix, et un tel contrat ne peut être regardé comme une vente. Mais il en est tout autrement de la vente à moindre prix, contrat très-sérieux, au moins jusqu'à concurrence de ce prix. Et Pomponius rejetait lui aussi si bien l'opinion des Sabiniens qu'il nous dit en termes forts clairs, dans la loi 31, § 3 : « *Sine dubio licet a viro vel uxore minoris emere, si non sit animus donandi.* »

III. — *De l'échange.* — Une femme (l. 58) reçoit, alors qu'elle n'est que concubine et non *uxor*, des immeubles de son concubin, qui plus tard l'épouse. Après son mariage avec lui, elle les échange contre d'autres biens. Ce contrat est valable, dit le texte ; il y a plutôt là un échange « *negotium* » qu'une donation. Il en est de même dans le cas de la loi 36, § 1.

IV. — *De la société.* — A Rome, la communauté de biens entre époux n'existait pas, c'était une espèce de régime dotal. Dès lors, on le comprend, une société pouvait aisément avoir lieu entre époux. Et la loi 16, § 3 *(de alim. vel. cib. leg.,* D.*),* vient du reste nous en donner une preuve évidente, puisqu'elle cite l'exemple de deux époux qui ont contracté une société de tous biens et qui sont restés associés pendant plus de quarante ans.

V. — *Autres contrats.* — Le prêt, le gage étaient permis entre époux, ainsi que le prouvent la loi 7, § 6 *(de don. int. vir. et ux.,* D.*);* de même le commodat (l. 7, § 5, *eod.*); le louage (l. 52, *eod.*) — le dépôt, le mandat (l. 9, § 3, *de jure dot.,* D.)

VI. — *De l'usucapion.* — Bien que l'usucapion ne puisse être un contrat entre époux, il peut être utile de savoir si elle était permise entre eux. Or, il est bien certain qu'elle devait être défendue, et autrement, en effet, la prohibition des donations entre époux eût été illusoire, le donateur n'ayant qu'à laisser le donataire jouir paisiblement pendant le temps nécessaire.

Toutefois, dans certains cas particuliers, un des époux pouvait usucaper les biens de l'autre. Ainsi une femme acquiert d'autrui un bien appartenant à son mari, peut-elle l'usucaper? La loi 44 *(de don. int. vir. et ux.)* distingue : Les deux époux ignorent le droit du mari ; l'usucapion est possible, car il n'y a pas donation. La femme seule découvre ce droit ; elle pourra encore prescrire, car elle a, à l'origine, possédé avec juste titre et bonne foi, et le mari n'a pas ici l'*animus donandi*. Les deux époux découvrent ce droit de propriété du mari, l'usucapion est impossible, car cette connaissance transforme la cause de la possession de la femme en donation du mari. Que décider si le mari seul découvre son droit? La loi 44 est muette sur ce point. M. de Savigny, T. IV, append. IX, § 6, pense que la femme pourra usucaper, et que même le mari n'aura aucune action. « L'inaction du mari n'est pas, dit-il, comme le non usage de la servitude, l'abandon direct d'un droit des biens, et par conséquent elle ne peut motiver une condiction. »

ANCIEN DROIT.

Après des luttes opiniâtres et sans cesse renaissantes,
Rome avait enfin réussi à étendre sa domination sur les
Gaules. Avec elle, ses mœurs, ses lois, sa civilisation s'y étaient
aussi introduites et avaient pris un développement tout particulier au midi de ces contrées. Mais, au V{{e}} siècle, la puissance romaine allait elle-même succomber sous la formidable
invasion des hordes barbares descendant des forêts de la
Germanie. Toutefois, elle ne devait pas périr tout entière; et
si, au nord, l'élément germanique devait dominer et dominer seul avec ses coutumes et ses lois, du moins, au midi,
la législation de Rome devait survivre à son empire et s'imposer à son tour à ses vainqueurs, et d'autant mieux qu'ils
admettaient le système de la personnalité des lois. Et c'est
ainsi que, peu à peu, se dessina cette division célèbre de
notre ancienne France en pays de droit coutumier et pays
de droit écrit, division qui devait durer jusqu'à la Révolu-
tion de 1789.

Il ne sera donc pas inutile de jeter un coup-d'œil sur cette
époque barbare, dont les anciens usages devaient se fondre
avec les usages des premiers habitants des Gaules pour former notre ancien droit proprement dit.

CHAPITRE I.

Époque barbare.

Chez les Germains, comme chez les Romains à leur origine, la femme était loin d'être placée sur le même rang que l'homme. Jusqu'à son mariage, elle était placée sous le *mundium* de son père ou chef de famille *manbour*, sorte de puissance paternelle ou domestique établie aussi bien dans l'intérêt du père que dans un but de protection pour la fille. Mais ce *mundium* n'avait pas la rigueur de l'ancienne *patria potestas* romaine; ainsi, il était même permis à la fille de se marier contre le gré de son *manbour*, en le forçant de venir devant les juges donner les motifs de son refus (1).

A son mariage, la femme ne faisait que changer de maître; du *mundium* de son père, elle passait sous le *mundium* de son mari. Et, comme tous les peuples à leur enfance, « les Germains, accoutumés à réduire tout en actes visibles, en formalités extérieures, crurent devoir constater la transmission du *mundium* par un mode symbolique analogue à celui qu'ils employaient dans les achats et les ventes (2). » N'avons-nous pas vu également à Rome le mari acquérir la *manus* sur sa femme par les formes de la vente, *coemptione*?

Le prix du mundium était donné au père qui souvent le partageait avec sa fille, c'était le *pretium nuptiale, dos* ou *dotalitium*. Bientôt le père ne reçut plus qu'un prix

---

(1) M. Pardessus, *Loi saliq.*, p. 666, et M. Laboulaye, *Recherches sur la condition des femmes*, p. 137.

(2) M. Pardessus, *eod.*, p. 668.

fictif, fixé à *un sou* et *un denier*, tandis que le prix sérieux, la *dos*, fut exclusivement donné à la femme. De là Tacite a pu dire : « *Dotem non uxor, sed uxori maritus affert* » *(18, de moribus German.).*

Le lendemain du mariage, après la première nuit de noces, le mari faisait à sa nouvelle épouse une donation particulière, appelée *morgengabe* ou (don du matin) *pretium virginitatis*. La veuve n'y avait pas droit; cependant la coutume d'Altorf, nous dit M. Laboulaye (p. 124, note 2), lui donnait droit à l'*abendgabe* ou (don du soir).

Enfin, nous dit le même auteur, « une autre donation se trouve dans nos anciens diplômes du midi, c'est l'*osculum*, espèce de donation faite sans doute après le baiser des fiançailles » (p. 130).

De ces diverses donations, qui devaient souvent se confondre, car elles n'avaient en général d'effet utile qu'à la mort du mari, naquit tout naturellement une institution bien connue dans nos coutumes, institution qui ne devait tomber qu'avec elles, le *douaire*. D'abord facultatif, il ne résultait que des conventions matrimoniales, et était dit préfix ou conventionnel; mais il ne tarda pas à devenir obligatoire au moins dans un grand nombre de coutumes, et de là il prit le nom de douaire coutumier.

Toutes ces diverses libéralités avaient ainsi lieu à la formation du mariage ou à son occasion, mais ce n'étaient pas de véritables donations entre époux. Celles-ci étaient-elles permises pendant le mariage? Oui, nous répond M. Laboulaye, p. 281 : « Les lois barbares ne défendaient pas les donations entre époux, leur esprit n'était point celui des lois romaines; elles tendaient, au contraire, à identifier les personnes et les biens des époux; il n'y avait donc nulle raison pour défendre les donations que se pouvaient faire les conjoints. » Ce point est encore confirmé par M. Pardessus, dans ses recherches sur la loi salique, p. 678 : « Nous trouvons, dit-il, chez les Francs, l'usage des dons entre époux par actes irrévocables, qu'ils n'empruntèrent point au droit romain... Ainsi, il est impossible de méconnaître l'origine germanique des dons irrévocables faits entre époux, *constante matrimonio*, autorisés par la plupart des coutumes qui régissaient la France avant le Code civil. » Cette dernière assertion toutefois ne doit être acceptée qu'avec une grande réserve, car nous verrons, au contraire, Pothier lui-même nous déclarer que la prohibition des donations était établie dans le plus grand nombre des coutumes.

La loi des Visigoths cependant défendait les donations entre époux pendant la première année de leur mariage, et la loi des Lombards défendait même de rien donner à sa femme en dehors de la *dos* et du *morgengabe*. Et enfin il faut remarquer que la loi salique elle-même restreignait les donations à l'usufruit.

Les lois barbares, nous dit encore M. Laboulaye, p. 284, admettaient aussi le *don mutuel* qu'elles entouraient « d'une faveur singulière. La loi des Ripuaires a un titre spécial de ces donations, sous le nom d'*Affatomie*, etc.; seulement elle ne permet qu'aux époux sans enfants de s'entredonner, et encore le don n'est-il que de l'usufruit. » Le don mutuel passa dans les coutumes, et celles-là même qui défendaient les donations entre époux firent une exception en leur faveur.

Ainsi, à cette époque, on peut dire que la liberté de contracter entre époux existait pleine et entière, sans aucune entrave. Puisque, en effet, les donations entre époux étaient permises, il n'y avait aucun danger dès lors à permettre également les autres contrats, tels que ventes, échange, etc., tous contrats beaucoup plus favorables que les donations. Et le silence même des lois à cet égard en est une preuve manifeste.

CHAPITRE II.

Ancien Droit proprement dit.

Notre ancienne France était loin de jouir de l'immense bienfait de l'unité de législation réalisée en 1804 par le Code Napoléon. Au nord, se trouvaient les provinces soumises à quelques coutumes générales et à une multitude de coutumes particulières. Au midi, séparées des premières à peu près par la Loire, se trouvaient les provinces régies par le vieux droit romain sous le nom de droit écrit. Toutefois, même au nord, le droit romain était connu ; seulement on ne le consultait que comme raison écrite. Et au midi également se trouvaient des coutumes qui pouvaient compléter le droit romain ou même y suppléer en cas de silence sur certains points.

SECTION Ire.

DROIT ÉCRIT.

A l'époque de l'invasion barbare, les Gallo-Romains se trouvaient encore soumis au Code Théodosien ; et ce fut surtout ce Code, avec quelques écrits de jurisconsultes romains, qui forma le fond de toutes les compilations faites ensuite par les rois barbares, dans l'intérêt de leurs sujets. Vers le XIIe siècle seulement, on commença à étudier le droit romain dans les ouvrages de Justinien, que les expéditions des croisés dans l'Orient avaient principalement contribué à faire connaître.

Il suffit donc de rappeler que, comme à Rome, les donations entre époux sont permises, mais qu'elles sont révocables au gré du donateur et caduques par le prédécès du donataire. Pothier (*Donat. entre mari et femme*, n° 6) nous dit qu'on a élevé la question de savoir si ces principes du droit romain ont été abrogés par l'ordonnance de 1731, qui ne reconnaissait que deux sortes de dispositions à titre gratuit : les donations entre-vifs et les testaments, abolissant ainsi la donation à cause de mort. Or, dit Pothier, la donation entre époux n'est pas une donation entre-vifs, car elle est révocable ; ce n'est pas non plus un legs, car elle n'en a pas les formes ; « elle ne peut donc plus aujourd'hui être valable. » Néanmoins, nous déclare ce grand jurisconsulte, la donation entre époux, quoique révocable, subsiste toujours dans les pays de droit écrit, ce qui est démontré par l'art. 40 des réponses faites par le Parlement de Toulouse, depuis l'Ordonnance, aux questions du chancelier d'Aguesseau.

Pour les autres contrats à titre onéreux entre époux, ils se trouvaient également soumis aux règles que nous avons vues à Rome, et ainsi les mêmes distinctions entre un contrat sérieux et un contrat fictif, entre un contrat qui n'est qu'une donation déguisée et celui qui, sincère en partie, contient en surplus une libéralité, doivent s'appliquer de même ici, mais sans oublier qu'ici on se trouve à une époque postérieure au sénatus-consulte de Sévère et que, dès lors, ces libéralités déguisées sont non pas nulles, mais révocables, en l'absence de textes édictant formellement cette nullité.

Enfin, il faut aussi rappeler que le sénatus-consulte Velléien était également en vigueur dans tous les Parlements du midi, qui, paraît-il, l'appliquaient différemment. Ainsi, pas plus qu'à Rome, la femme ne peut s'obliger pour son mari, l'authentique *si qua mulier*, tiré du Velléien, avait reproduit cette défense (*Cod. ad Snc. Vell.*). Ce sénatus-consulte devait même passer dans les pays de droit coutumier, comme nous allons le voir bientôt.

SECTION II.

Droit coutumier.

Le droit coutumier est, pour ainsi dire, notre ancien droit français par excellence et celui qui a été l'objet des études de nos plus grands jurisconsultes. Aussi mérite-t-il une attention toute particulière.

§ 1. — *Contrats à titre gratuit.*

I. — *Donations.* — Les lois barbares permettaient en général, nous l'avons vu, les donations entre époux, mais le plus souvent de l'usufruit seulement. Cette liberté, déjà restreinte, devait même disparaître tout-à-fait. Ce changement toutefois ne se fit pas brusquement et, dans cette matière comme dans toutes les autres, il y eut, jusqu'au XVe siècle, une longue période pleine d'incertitudes et d'obscurités ; c'est qu'en effet toute la législation ne consistait alors que dans de vieux usages transmis de père en fils dans les familles des légistes et à peine consignés dans quelques rares ouvrages.

Au XIIIe siècle, cependant, les donations paraissent encore permises, d'après ce qui résulte des écrits de Pierre de Fontaines (1253) et de Philippes de Beaumanoir (coutumes du Beauvoisis (1283). Mais à cette époque, en France comme en Italie, il y eut une recrudescence dans les études du droit romain, et ce fut sans doute sous cette influence que l'on vit paraître la prohibition des donations entre époux, prohibition que l'on justifiait d'après les motifs mêmes donnés par les jurisconsultes romains, mais qui avait aussi une autre base, la conservation des biens dans les familles.

Pour trouver des règles certaines, il faut arriver au XVIe siècle, après que l'ordonnance de Charles VII (1453) eût prescrit la rédaction générale des coutumes, travail immense qui devait durer plus d'un siècle. Quelles furent les règles établies par les coutumes? Les donations entre époux furent-elles permises ou défendues ? Pothier (*Donat. entre mari et fem.*, nos 8 et s.) divise à ce point de vue les coutumes en quatre classes :

La première classe défend toutes donations entre époux, non seulement entre-vifs, mais même testamentaires ; telles sont les coutumes de Paris, d'Orléans et du plus grand nombre ; mais les dons mutuels sont permis.

La deuxième défend les donations entre-vifs et permet les dons mutuels et les libéralités testamentaires; ainsi les coutumes de Mantes, Chartres, Châteauneuf, Péronne, Reims, Amiens.

La troisième admet les dons mutuels, les libéralités testamentaires et même les donations entre-vifs, mais révocables et caduques selon les règles romaines ; ce sont les coutumes de Touraine et du Poitou.

La quatrième admet toutes les donations, même irrévocables, et, en général, de l'usufruit seulement quant aux biens immobiliers; telles sont les coutumes d'Angoumois, Montfort, Noyon, Saint-Jean-d'Angély. Celle d'Auvergne, aussi rangée dans cette dernière classe, présentait cette singularité, en ce qu'elle permettait les donations d'un mari à sa femme et non d'une femme à son mari.

Ainsi, l'on peut dire que la plupart des coutumes défendaient les donations entre époux. Et quels étaient les motifs de cette prohibition générale? Nos vieux jurisconsultes reproduisaient tout d'abord les mêmes motifs qui avaient nécessité cette prohibition à Rome. « La raison du droit romain, nous dit Guy-Coquille, est pleine d'honneur, à ce qu'il ne semble que l'amitié, concorde et gracieux traitement soit à vendre, et pour faire connaître qu'au cœur est la vraie amour et non en l'extérieur » (*Instit. au droit franç.*, p. 66, 67). Et ailleurs (*Quest. et rép.*, p. 192) : « Les anciens Romains, amateurs du vrai et solide honneur, qui toujours est accompagné de vertu, ont estimé que la vraie peste ou poison de l'amitié qui doit être en mariage est quand l'un des deux mariés désire s'enrichir aux dépens de l'autre, comme si l'amitié était vénale. »

Mais, à ce motif, venait s'en ajouter un autre très-important et essentiellement propre à l'époque féodale, dont il trahissait les secrètes et orgueilleuses préoccupations de ne pas laisser s'affaiblir la puissance et l'éclat des vieilles familles seigneuriales. Et c'est ainsi que Basnages nous dit : « La prohibition faite aux conjoints de se donner n'est pas fondée seulement sur les principes du droit romain que les jurisconsultes ont rapportés dans les lois 1, 2, 3 du titre *de don. int. vir. et ux.*, D. Le droit français a eu particulièrement cette vue de conserver les biens dans les familles » (t. II, p. 165, sur art. 410, cout. de Norm.). Et Ferrière nous dit également : « La raison pour laquelle nos coutumes se sont écartées des lois romaines, en défendant aux conjoints par mariage toutes espèces d'avantages et donations, est fondée sur le soin et le désir de conserver les biens dans les familles, qui a servi de fondement à la plus grande partie des dispositions coutumières.... On a considéré que l'Etat ne se peut maintenir que par ce moyen ; autrement les conjoints par mariage qui n'auraient pas d'enfants se donneraient tous leurs biens l'un à l'autre et feraient passer des successions opulentes dans des familles étrangères (Gloss. 2, n° 6, sur art. 282, cout. de Paris).

La prohibition des donations était donc parfaitement établie dans la plupart des coutumes, et il n'était pas permis aux époux de pouvoir, même par contrat de mariage, se réserver la faculté de déroger à ces lois prohibitives. « La raison en est, dit Pothier, que : *jus publicum privatorum pactis mutari non potest* » (*Des Don. entre mari et fem.*, n° 23). Ainsi, l'ordre public était considéré comme intéressé au maintien de ces dispositions.

Que la donation fût déguisée sous une convention quelconque ou faite par l'interposition de certaines personnes, elle n'en était pas moins défendue. Ainsi, sont annulés, dit Ricard (I, p. 85, n° 378), « toutes les pactions et accommodements entre les conjoints, dès lors qu'ils contiennent quelque avantage indirect entre eux. »

Les coutumes avaient de plus établi certaines présomptions légales d'interposition de personnes. Quelques-unes, comme celles du Bourbonnais (art. 256), d'Auvergne (ch. 14, art. 28), et de Normandie, selon Basnages, regardaient comme personne interposée toute personne dont l'autre époux était héritier présomptif. La coutume de Paris semble, au contraire, rejeter toute présomption légale ; car, en défendant dans l'art. 283, à un époux qui a des enfants, de donner aux enfants que l'autre époux a eus d'un premier mariage, elle permet *a contrario* à un époux sans enfants de donner aux enfants de son conjoint. Mais Duplessix (cout. de Paris,

t. 1, p. 529), nous apprend que « cette interprétation n'a pas passé sans difficulté », à cause des termes négatifs de cet art. 283. Pothier (n° 112) fait les mêmes remarques, et il reconnaît ce sens donné à l'art. 283, mais il ajoute qu'il ne peut plus être douteux, dans les autres coutumes, que les enfants sont regardés comme personnes interposées. Dans la coutume de Paris, des doutes s'étaient élevés aussi au sujet des donations aux père et mère de l'un des époux, vu le silence de la coutume sur ce point. Duplessix (*ibid.*) veut voir en eux des personnes interposées ; d'après lui, le cas n'est plus le même que pour les enfants de l'autre époux ; ici « l'avantage indirect semble plus apparent », car « la succession des père et mère est naturellement certaine aux enfants, au lieu que celle des enfants n'arrive aux père et mère que *turbato naturæ ordine.* »

A cette règle si générale de prohibition des donations entre époux existait-il des exceptions ? Non ; on peut dire qu'elle était absolue. Il n'y a plus à parler de donations *exilii* ou *divortii causa*, et il ne faut pas assimiler la séparation de corps au divorce, car « elle ne rompt pas le nœud du mariage, » tandis que « les divorces des Romains emportaient la dissolution du mariage » (Basnages, II, p. 174, art. 410, C. Norm.). Toutefois, la donation à cause de mort exista jusqu'à l'ordonnance de 1731, qui l'abolit. On avait également rejeté toutes les distinctions assez subtiles des donations n'enrichissant pas le donataire on n'appauvrissant pas le donateur.

Le droit coutumier s'était montré plus sévère que le droit romain pour les donations entre concubins ; elles étaient défendues, comme le prouve l'art. 32 de l'ordonnance de Louis XIII (1629). Le principe « don de concubin à concubin ne vaut » était admis même dans les coutumes qui ne s'étaient pas expressément expliquées à cet égard.

Telle était donc la prohibition des donations entre époux, dont la sanction était nécessairement la nullité. Mais comment appliquer cette nullité ? Pothier examine six cas particuliers à ce sujet, n° 49 et suiv. (*eod.*). Il est inutile de les examiner en détail ; disons seulement :

S'il y a eu donation d'immeubles ou de meubles suivie de tradition (dans l'ancien droit pas plus qu'à Rome, le consentement seul ne pouvait transférer de droit réel), malgré cette tradition, l'époux donateur n'en est pas moins resté propriétaire, et dès lors il aura une action en revendication contre le donataire et ses successeurs à titre universel, qui jamais ne pourront prescrire, et contre les tiers-détenteurs, tant qu'ils n'auront pas prescrit. Dans ce dernier cas, le donateur avait une action personnelle que Pothier appelle *in factum* « à défaut d'autre nom. » Il en était de même si l'objet donné avait péri. Mais ici il faut signaler une grande différence avec le droit romain, c'est que : peu importe l'enrichissement du donataire, il devra rendre toute la valeur de ce qu'il a reçu, et non plus seulement *quatenus locupletior factus est*, et ainsi il est toujours « présumé avoir profité. »

Si la donation est d'un droit personnel, tel qu'une créance, la quasi-tradition, ou la promesse, est considérée comme « non avenue et n'a aucun effet. » Le donateur conserve tous ses droits et ses actions. Mais de même qu'à Rome, si un débiteur a payé au donataire sur l'ordre du donateur, il sera valablement libéré, le paiement ainsi fait sur l'ordre de celui-ci est réputé fait à lui-même ; mais le donataire ne peut devenir propriétaire et il devra rendre au donateur.

II. — *Dons mutuels*. — A la différence des donations

ordinaires, les dons mutuels étaient presque partout vus avec faveur ; la Normandie cependant ne les avait pas admis, comme nous l'apprend Basnages (II, p. 174).

« Le don mutuel était inconnu des Romains… Cette sorte de convention a été introduite afin que, lorsqu'il n'y avait point d'enfants, le survivant n'eût pas le chagrin de voir passer à des collatéraux héritiers du prédécédé la moitié du fruit des travaux communs des conjoints, et que ceux-ci concourussent par leurs soins à augmenter la communauté, dans l'espérance que chacun d'eux pourrait jouir de la totalité en vertu du don mutuel. » Merlin (Rép., *Don mutuel*, § 1, I.)

Pothier ne compte pas moins de huit variétés de coutumes sur les conditions nécessaires pour la validité de ce don ; nous ne voulons pas le suivre dans cette étude, qui nous entraînerait trop loin ; qu'il nous suffise de donner les caractères généraux de cette sorte de convention.

Le don mutuel, dit Pothier, nᵒ 129, est « un don entrevifs égal et réciproque, que deux conjoints par mariage se font réciproquement l'un à l'autre, et en cas de survie, de l'usufruit des biens de leur communauté aux charges portées par les coutumes. »

Ainsi, pour être valable, le don mutuel, comme l'indique son nom, devait être réciproque, premier motif qui déjà semble écarter tout soupçon de captation ; de plus, il devait être égal ; et enfin, le survivant seul y avait droit : cette dernière condition ne vient-elle pas surtout justifier la faveur accordée à ce don ; celui qui aurait voulu et pu l'obtenir par suggestion eût-il été bien sûr d'en profiter, n'eût-il pas pu en effet mourir le premier ?

Quant aux autres conditions du don mutuel, les coutumes variaient beaucoup, comme nous l'avons dit ; les unes ne l'autorisaient que si les époux n'avaient pas d'enfants, les autres les permettaient dans tous les cas; selon les unes, il ne pouvait porter que sur les biens de la communauté; selon les autres, sur tous les meubles, conquêts ou propres; l'égalité de santé était exigée ici; là, c'était l'égalité d'âge ou à quelques années près. Pour les charges imposées à ce don, il y avait la même diversité.

Toutes en général, pour mieux marquer l'engagement des époux, exigeaient que le don mutuel fût fait devant notaire, par un seul et même acte, ce que notre Code, art. 1097, a expressément défendu.

§ 2. — *Contrats à titre onéreux.*

Le droit romain ne défendait pas ces contrats entre époux; ils étaient valables dès qu'ils étaient sincères et faits sans fraude des dispositions prohibitives des donations. Mais, en fait, souvent ces contrats pouvaient n'être que fictifs, et il devait sans doute être bien difficile de fournir une preuve des dissimulations dont les époux avaient dû soigneusement effacer toutes les traces.

« Notre droit français, dit Pothier (n° 78), a été beaucoup plus attentif à prévenir tous les avantages indirects que des conjoints pourraient se faire par les différentes espèces de contrats qui interviendraient entre eux pendant leur mariage, par lesquels ils transporteraient l'un à l'autre quelque chose de leurs biens. »

Mais alors, tout contrat, quel qu'il soit, vente, échange, prêt, louage, etc., va donc être interdit entre époux? Et d'abord il est évident que si les contrats n'ont lieu que dans le but de dissimuler une libéralité, ils doivent être défendus; nous avons vu Ricard nous le dire expressément. Mais, s'ils sont sérieux, s'ils sont sincères, seront-ils encore prohibés?

Bien des coutumes ont donné une réponse affirmative formelle. Ainsi, celle de Normandie, art. 410, déclare : « Gens mariés ne se peuvent céder, donner ou transporter » l'un à l'autre quelque chose que ce soit, ni faire contrats » ou concessions pour lesquels les biens de l'un viennent à » l'autre, en tout ou partie, directement ou indirectement. »

De même l'art. 27, ch. 23, de la coutume du Nivernais décide que « gens mariés constant leur mariage, ne peuvent » contracter au profit l'un de l'autre. » Celle du Bourbonnais, art. 226, chap. 10, est aussi explicite : « Le mari durant » le mariage ne peut faire aucune association, donation ou » autre contrat avec sa femme. »

Et cette prohibition des contrats entre époux, dit Pothier, nᵒ 78, « a pareillement lieu dans les coutumes qui ne s'en sont pas expliquées; c'est pourquoi Dumoulin, sur l'article 256 (156 plutôt) de l'ancienne coutume de Paris, nᵒ 5, pose pour maxime que des conjoints par mariage ne peuvent, pendant leur mariage, faire aucun contrat entre eux sans nécessité : *Nullum contractum etiam reciproquum facere possunt nisi ex necessitate.* »

Malgré des textes aussi formels, il est à remarquer que nos anciens jurisconsultes font tous leurs efforts pour arriver à permettre à peu près tout contrat entre époux dès qu'il est sincère.

Ainsi, sur l'art. 282 (ancien 156) de la coutume de Paris, d'après lequel : « homme et femme conjoints par mariage, » constant icelui, ne se peuvent avantager l'un l'autre par » donation entre-vifs, par testament ou ordonnance de » dernière volonté ni autrement, directement ni indirec- » tement, en quelque manière que ce soit, sinon par don » mutuel », Duplessix (I, p. 528) reconnaît que les mots « directement ou indirectement » ne s'entendent pas seulement des donations par personnes interposées, mais « aussi de toutes sortes de pactions et stipulations faites entre eux durant le mariage (mais, ajoute-t-il), qui porteraient avantage de l'un à l'autre. » D'où l'on peut dire que, selon lui, si elles ne portent pas avantage, elles ne seront pas défendues.

Dumoulin lui-même, que Pothier met si bien en avant, est loin d'être aussi absolu qu'il veut bien le dire, et, en effet, s'il dit : « *Nullum ergo contractum etiam reciproquum facere possunt* », ne fait-il pas cependant, par ces mots « *nisi ex necessitate* », des réserves plus grandes et plus explicites que Duplessix lui-même? Car ces mots restrictifs disent clairement que s'il y a nécessité, le contrat sera permis.

Voici encore ce que Basnages (t. II, p. 165) pensait de l'art. 410 de la coutume de Normandie, cité plus haut : « Cette prohibition si générale et si absolue que la coutume fait au mari et à la femme de s'avantager l'un l'autre, en quelque manière que ce puisse être, paraît rigoureuse. Bien qu'un amour pur et désintéressé doive être le principe et la cause de leur union, il ne fallait pas néanmoins leur interdire si absolument tous les moyens d'exercer la rémunération et la gratitude. » Et, passant à l'explication de l'article suivant (II, p. 178), il dit ces mots importants pour nous : « La coutume avait parlé trop généralement en l'article précédent; lorsqu'elle avait défendu aux gens mariés de faire aucuns contrats entre eux…, elle n'avait l'intention que de défendre les contrats qui seraient faits en fraude et pour se faire avantage l'un à l'autre. » De là, ajoute-t-il, l'exception de l'art. 411 : « que si le mari a aliéné l'héritage de sa femme, il peut lui transférer du sien pour récompense, pourvu que ce soit sans fraude et sans déguisement. »

Guy-Coquille également, sur l'art. 27, ch. 23, cout.

Nivernais (p. 238), ainsi conçu : « Gens mariés, constant leur
» mariage, ne peuvent contracter au profit l'un de l'autre,
» ni eux avantager par contrats entre-vifs, sinon par don
» mutuel..... », fait cette remarque : « *contracter ni eux
avantager ;* il faut joindre les deux ensemble, car les
contrats entre-vifs simplement ne sont pas interdits aux
mariés, mais seulement ceux qui contiennent avantages
pour l'un ou l'autre. » C'est là, il faut l'avouer, bien forcer
le texte même de la coutume ; du reste, cet auteur va beaucoup
plus loin et ne demande pas mieux que d'admettre la validité de certaines donations rémunératoires ; ainsi celles faites
« assez longtemps après » le mariage, « quand le mari aurait connu que, par seul respect d'honneur et d'amitié, sa
femme l'aurait bien traité et se serait bien comportée. »

Enfin Lebrun est, de tous ces auteurs, le plus formel. « Il
y a divers cas, dit-il, où la femme peut contracter avec son
mari. Rien n'empêche que mari et femme séparés con-
tractent l'un avec l'autre, pourvu qu'ils ne se donnent ni
directement ni indirectement. »

De toutes ces citations il est facile de voir deux choses :
d'un côté, ce sont les textes des coutumes, qui semblent bien
explicites sur la prohibition des contrats entre époux, et
d'un autre côté, se trouvent les jurisconsultes qui, la plupart,
en expliquant ces textes, font tous leurs efforts pour en at-
ténuer le rigorisme et resserrer la prohibition à ses plus
étroites limites, aux seuls contrats sous lesquels se cachent
des donations.

Au sujet des conventions entre époux, observons en dernier lieu que le cautionnement de la femme au profit de son
mari était défendu, non pas d'après la prohibition générale
de contracter, mais d'après le texte spécial du sénatus-consulte Velléien et de l'authentique *si qua mulier*, qui avait pé-

nétré même dans les pays de droit coutumier. Mais, à la fin du XVIe siècle, se fit une profonde modification sur ce point. Jusque là, comme à Rome, la femme ne pouvait jamais renoncer au bénéfice du sénatus-consulte. Le contraire fut décidé à cette époque, comme nous l'apprend Bretonnier (au mot : femmes) : « Le 29 juillet 1595, le Parlement de Paris rendit un arrêt en forme de réglement, par lequel il fut enjoint aux notaires de faire entendre aux femmes qu'elles ne peuvent s'obliger valablement pour autrui, surtout pour leurs maris, sans renoncer expressément au bénéfice du Velléien et de l'authentique *si qua mulier*..... Cette clause de style fut supprimée par Henri IV, qui, par édit d'août 1606, abrogea les dispositions du Velléien..... » Mais, ajoute cet auteur, ce sénatus-consulte continua cependant à être en usage dans tous les Parlements de droit écrit.

Telle était la législation de l'ancien droit sur les contrats entre époux ; législation précise sur les donations permises au midi sous condition de révocabilité et défendues en général au nord, mais assez incertaines sur les conventions à titre onéreux. Avant de voir quelle solution notre Code a donnée à cette question des contrats entre époux, disons quelques mots du droit intermédiaire qui régit la France de 1789 à 1804.

CHAPITRE III.

Droit intermédiaire.

A l'époque où l'ancien régime qui gouvernait la France depuis tant de siècles s'écroulait de toutes parts, les anciennes lois, les anciennes coutumes ne pouvaient non plus rester debout ; elles étaient également entraînées dans sa ruine ; elles devaient tomber avec les idées qui les avaient inspirées. Une réaction violente contre tout ce passé, qui certes n'était pas sans gloire, se fit sentir aussi bien dans les règles du mariage et des rapports des époux entre eux que partout ailleurs.

Par une bizarrerie assez étrange, alors que la loi du 17 nivôse an II, dans son art. 1, édictait la nullité des « donations entre-vifs faites depuis et compris le 14 juil. 1789, » cette même loi, art. 13, donnait liberté complète aux époux de se faire telles donations que bon leur semblerait. Et voici comment M. Vermeil, qui avait assisté à la discussion générale des lois, veut justifier ces dispositions (1) : « La plupart de nos statuts locaux faisaient cette injure à l'humanité de supposer que le plus adroit ou le plus fort des époux était toujours prêt à dépouiller l'autre ; il ne leur était pas permis dans la plupart de nos coutumes de se gratifier du moindre don par testament, et par une bizarre contradiction, la loi qui commandait de s'aimer à des personnes liées par des nœuds indissolubles, leur interdisait le témoignage le plus sûr et le plus précieux de l'attachement, les bienfaits... La loi du 17 nivôse est venue affranchir de toutes entraves ce sentiment de bienveillance et d'estime réciproque qui fait le charme d'un pareil état. Elle a ouvert une carrière de bienfaisance sans bornes, même pendant le cours du mariage, aux époux qui n'ont pas d'enfants. »

Les législateurs cependant, qui semblaient ainsi attacher tant de prix à « affranchir de toutes entraves ce sentiment de bienveillance et d'estime réciproque qui fait le charme d'un pareil état, » et à combler de faveurs ceux qui s'uni-

---

(1) Cité par M. Troplong, *Don.*, IV, n° 2,638.

raient par les liens du mariage, n'allaient-ils pas saper par
la base le mariage lui-même, qu'ils voulaient protéger ? Accorder en effet aux enfants naturels les mêmes droits qu'aux
enfants légitimes, et surtout rétablir le divorce par consentement mutuel (loi des 20-25 septembre 1792), n'était-ce
pas lui porter les atteintes les plus graves, des coups presque
mortels ?

Accorder aux époux une liberté complète, d'un côté pour
se faire toutes sortes de donations, de l'autre, briser par le
divorce les liens qui les unissent, c'était rouvrir la porte à
tous les abus si graves signalés par les jurisconsultes
romains et que la prohibition des donations avait eu pour
but de réprimer. Mais on voulait innover sur tout et partout,
et on avait bien autre chose à faire alors que de s'occuper
de ce qu'avaient pu dire ces vieux jurisconsultes.

Par le silence même de la loi à cet égard, l'irrévocabilité
était reconnue à ces donations ; et c'est du reste ce qu'a
formellement déclaré un arrêt de la Cour de cassation du
29 janvier 1835 (1).

Toutefois certaines limites avaient été apportées par les
art. 13 et 14 de la même loi à la quotité disponible. Si les
époux n'avaient pas d'enfants, ils pouvaient se donner tous
leurs biens ; dans le cas contraire, ils ne pouvaient se donner que l'usufruit de la moitié de leurs biens ; au delà, il y
avait lieu à réduction.

(1) Dalloz, V°, *Dispos.*, n° 599.

DROIT FRANÇAIS.

PRÉLIMINAIRES.

Nous voici ainsi arrivés à notre droit français actuel, et nous devons voir maintenant comment les législateurs de 1804 ont mis à profit les enseignements du passé, et quelle marche à leur tour ils ont cru devoir suivre. Mais nous verrons que comme leurs devanciers, ils se sont bornés à établir quelques règles particulières sur certains contrats entre époux, sans poser aucune règle générale. Cependant, il est essentiel de connaître quelles peuvent être ces règles générales, sans lesquelles il est difficile de résoudre les nombreuses difficultés de détail que ne manque pas de faire naître le silence du Code à cet égard. Après avoir cherché, dans une première partie, à les déduire et de l'esprit et des textes de nos lois, il nous restera à étudier, dans une seconde, leur application, ainsi que les quelques dispositions édictées sur certaines conventions entre époux.

PREMIÈRE PARTIE.

RÈGLES GÉNÉRALES.

———

Si jusqu'ici nous avons pu voir les donations entre époux soumises à des règles spéciales, nous avons pu constater, au contraire, qu'il en était tout autrement des contrats à titre onéreux. L'appréciation de leur validité ou non validité a toujours été plus ou moins arbitraire. A Rome cependant, ils étaient bien permis en principe, puisqu'ils n'étaient annulés que s'ils n'étaient pas sérieux ; mais dans notre ancien droit, on peut dire que la plus grande confusion régnait sur ce point, car auteurs et coutumes étaient plus d'une fois en désaccord.

Notre Code a-t-il été plus explicite? Mais non, « cette espèce d'indécision, dit M. Demolombe, s'est prolongée jusque sous l'empire du Code civil, et quelle que soit la thèse qu'on veuille encore aujourd'hui soutenir, on aura pour soi, il faut bien l'avouer, des arguments très-sérieux. » Toutefois, l'examen approfondi que ce savant jurisconsulte a fait de cette question (*Tr. du mariage*, II, nᵒˢ 234 et s.) nous paraît lui avoir fait faire un pas immense. Aussi ne pouvons-nous mieux faire que d'étudier avec lui les diverses questions qui se présentent sur les contrats entre époux et les différentes opinions qu'elles ont produites.

Nous examinerons ainsi ces trois questions : — 1º Les contrats entre époux sont-ils permis ou défendus? — 2º S'ils sont permis, avec l'autorisation de qui la femme peut-elle contracter; est-ce avec celle de justice ou seulement celle de son mari? — 3º Enfin, quels sont les effets des contrats entre époux?

§ 1ᵉʳ. — *Les contrats entre époux sont-ils permis ou défendus?*

Cette question, ainsi que les suivantes, ne laisse pas que d'offrir une certaine difficulté. Aussi a-t-elle reçu des solutions même des plus opposées.

I. — D'après une première opinion, les contrats entre époux seraient défendus, sauf ceux expressément permis par la loi.

C'est dans l'intérêt même des époux, a-t-on dit pour la justifier, qu'il faut défendre toutes sortes de contrats entre eux; les permettre, en effet, n'est-ce pas s'exposer à des abus considérables? Le mari, chef de l'association conjugale, ne va-t-il pas pouvoir, par son influence ou ses obsessions, faire consentir à sa femme des contrats entièrement défavorables pour elle, mais avantageux pour lui? La fortune de la femme qui n'aura pas assez de force, assez d'énergie pour résister aux prétentions de son mari; ne courra-t-elle pas les dangers les plus sérieux, une fois livrée, pour ainsi dire, à la merci de celui-ci? Et ce ne sont point là des chimères. Pour défendre les donations entre époux ou les rendre révocables après les avoir permises, Rome n'avait obéi qu'à ces considérations; et dans l'ancien droit, bien que la conservation des biens dans les familles fût le motif principal de la prohibition des donations et des autres contrats entre époux, elles venaient également s'y ajouter. Et c'est aussi uniquement sous leur influence que notre Code actuel a cru devoir ne permettre les donations entre époux qu'avec cette profonde modification de la révocabilité, et que, de même, il a édicté entre eux la défense expresse du contrat de vente. Ces motifs si sérieux n'existent-ils donc pas également pour tous les autres contrats dont la vente est en quelque sorte le type général?

Et de plus, « il répugne, a dit Portalis avec raison, que l'on puisse être à la fois juge et partie ; *nemo potest esse auctor in rem suam.* Or, quand on autorise, on est juge, et on est partie quand on traite. On peut, comme partie, chercher son bien propre et particulier ; comme autorisant, on ne doit travailler qu'au bien d'autrui. » Eh bien, ce double rôle, le mari ne va-t-il pas le jouer dans les contrats entre lui et sa femme? Que sera la volonté de la femme, sinon celle même du mari qui aura su ou pu lui l'imposer? Et si, pour empêcher le mari d'être juge en autorisant, on veut exiger l'autorisation de justice, on arrive à demander plus que la loi elle-même, qui nulle part n'en a décidé ainsi.

En outre, comme ajoutait Portalis, « entre personnes si intimement unies, il serait bien à craindre que la vente ne masquât presque toujours une donation. » Mais il n'est pas plus difficile de déguiser des libéralités sous un échange, un prêt, et surtout un contrat de rente, que sous la vente. Et quoi de plus dangereux que la transaction? Permettre tous ces contrats, mais c'est faciliter toutes les fraudes possibles. Que deviennent toutes les précautions prises par le législateur pour empêcher des donations irrévocables ou excessives? Non, de telles conséquences sont inadmissibles, et sous peine de les admettre, il faut donc défendre les contrats entre époux, sauf ceux spécialement autorisés.

Et s'il faudra dès lors rejeter à la dissolution de la communauté tout réglement d'intérêts fort graves qui ont pu se produire pendant le mariage, il ne saurait y avoir là de mal ni de danger. La prescription n'est-elle pas suspendue entre époux (art. 2253) ? Il y a là, au contraire, un grand avantage, c'est qu'on évite ainsi toutes les discussions qui, à leur sujet, auraient pu s'élever ; la bonne harmonie du ménage n'a donc qu'à gagner à ce retard.

Telle est la première opinion que M. Demolombe, tout en la rejetant, déclare être « sérieusement motivée » ; mais avant de voir comment on peut la combattre, disons quelques mots d'un système intermédiaire et réfutons-le.

II. — Dans un système intermédiaire, on voudrait procéder par analogie et distinguer entre les contrats. On arriverait ainsi à défendre ou à permettre tous ceux qui se rapprocheraient le plus de ceux que la loi a elle-même ou défendus ou permis.

Cette opinion pourrait séduire en ce qu'elle n'établit rien d'absolu, qu'elle permettrait à l'encontre de la première des contrats utiles, tels que le louage, le prêt, etc., et qu'elle défendrait à l'encontre de la troisième des contrats quelquefois dangereux, tels que la rente perpétuelle ou viagère et la transaction. Cependant il ne faut pas hésiter à la rejeter, car avec elle on s'exposerait à tomber dans le vague, l'incertitude, l'arbitraire le plus complet. Les conventions que l'on peut former sont bien diverses, et telles d'entre elles pourraient à celui-ci paraître se rapprocher de tel contrat défendu et à celui-là de tel contrat permis, et tous les deux pourraient être dans le vrai, suivant les différents points de vue auxquels ils se seraient placés.

III. — Il nous faut donc arriver à une troisième opinion et dire avec M. Demolombe : Tout contrat entre époux qui ne sera pas défendu sera permis. En combattant les arguments invoqués par la première opinion, nous établirons et justifierons en même temps la nôtre.

S'il est vrai de dire que le mariage crée entre les époux une union intime, telle qu'elle doit presque toujours soumettre l'un d'eux à l'influence de l'autre, il n'est pas moins vrai que malgré cette influence qui d'ordinaire sera loin d'être un danger, les époux forment toujours deux personnes distinctes ayant des biens et des intérêts séparés que l'on ne peut confondre. Et n'est-ce pas exagérer cet ascendant possible que de dire que la volonté de l'un ne sera que le reflet de celle de l'autre ? Mais, s'il en était ainsi, il faudrait, pour être conséquent, défendre même les donations révocables, car si c'est l'influence de l'un d'eux qui les a fait consentir, la même influence ne pourra-t-elle pas empêcher de les révoquer ?

Et voyons un peu à quelles dures extrémités arrive le premier système. Parce qu'il peut servir à dissimuler une libéralité excessive ou irrévocable, le prêt, par exemple, va se trouver interdit entre époux ! Mais vous voulez donc forcer le mari ou de s'emparer quand même des capitaux de sa femme, ou de s'adresser à des tiers, et faire ainsi connaître la gêne momentanée où il se trouve, et par là peut-être ébranler son crédit. Cet inconvénient sérieux est au contraire écarté si vous permettez le contrat de prêt aux époux. Mais vous allez donc leur interdire les contrats les plus simples, le dépôt, le commodat, le louage, ceux-là mêmes qui ne sont que de pure bienveillance ou de pure administration. Ainsi, qu'une femme devienne propriétaire de l'immeuble qu'elle occupe avec son mari, voilà le mari et la femme elle-même, obligée de le suivre, qui ne pourront rester où ils demeurent ; ils devront déguerpir et pourquoi ?

Parce que cet immeuble appartient à la femme, parce que celle-ci ne peut le louer à son mari ! Une telle conséquence est impossible. A force de protection, vous arrivez donc à nuire aux intérêts les mieux entendus des époux eux-mêmes.

Et quels sont donc les textes que peut invoquer le premier système ? Il n'y en a pas ; aucun texte ne vient édicter ou même supposer cette incapacité générale de contracter. L'art. 1595 est conçu dans des termes qui doivent le faire regarder plutôt comme une exception que comme une règle. Et même, bien des textes viennent à notre appui. D'abord, l'art. 1123 déclare que : « toute personne peut contracter, si elle n'en est pas déclarée incapable. » Et l'art. 1124, qui classe la femme mariée parmi les incapables, a bien soin de limiter cette incapacité aux « cas exprimés par la loi. » Or, nous l'avons déjà dit, pas un seul texte n'édicte l'incapacité de la femme envers son mari. Et de plus, ne supposent-ils pas cette capacité des époux de contracter entre eux, tous les articles : 1096, pour les donations; 1435, pour l'acceptation par la femme du remploi que son mari lui offre; 1451, pour le rétablissement de la communauté, après séparation judiciaire; 1577, pour le mandat; 1595 lui-même, pour les trois cas où la vente est permise ?

Et enfin, pourquoi oublierait-on que le législateur a su tenir compte des dangers possibles de certains contrats? N'a-t-il pas frappé d'une nullité absolue toute modification aux conventions matrimoniales, base même du mariage? S'il a permis les donations, ne leur a-t-il pas enlevé le caractère qui les rendait si dangereuses, l'irrévocabilité? Et la vente elle aussi est défendue, parce qu'elle pouvait faciliter les fraudes aux dispositions de la loi sur les donations. Et que de précautions pour permettre la restriction de l'hypothèque légale de la femme?

Toutes ces considérations nous feront donc conclure que les contrats entre époux doivent être permis tant qu'ils ne sont pas contraires aux règles prohibitives de la loi (1). L'on pourra ainsi déclarer valable tout contrat qui ne sera pas une dérogation aux conventions matrimoniales (1395), qui ne sera pas une donation déguisée (1099), ou qui ne sera pas une vente (1595), ou ne rentrera pas dans l'une des trois exceptions de cet article.

Si cependant la fraude avait pu se glisser sous un contrat, toute partie intéressée aurait toujours le droit de l'attaquer et d'en faire la preuve. C'est ainsi que l'art. 1595 réserve le droit des héritiers pour les avantages indirects qui auraient pu se cacher sous l'un des trois cas exceptés. De la sorte, comme le fait justement observer M. Demolombe, le contrôle de la justice sera toujours là pour sauvegarder les intérêts de qui de droit ; ne pouvant l'avoir avant, on l'aura après. Ainsi, l'intérêt des héritiers à découvrir les fraudes et ensuite le contrôle de la justice peuvent être, à juste titre, regardés comme des garanties sérieuses de la sincérité des contrats.

§ 2. — *Pour contracter avec son mari, la femme a-t-elle besoin de l'autorisation de justice, ou celle même du mari lui suffit-elle?*

Par le fait même de son mariage, la capacité de la femme subit une certaine atteinte ; elle ne peut plus désormais con-

---

(1) En ce sens, MM. Demolombe (*du Mariage*, II, n⁰ˢ 234 et s.); Troplong (*Contr. de mar.*, n° 205); Marcadé (art. 1595, I); Coin-Delisle (*Donat.*, art. 1099, n° 10, p. 613); Toullier (XII, n⁰ˢ 41 et 366); Caen, 4 mars 1865, (J. du P., 65, 1133); Bordeaux, 29 avril 1856 (D. P., 56, 2, 202) ; Grenoble, 11 mars 1851 (D. P., 53, 2, 62).

tracter sans l'autorisation de son mari ou, à son défaut, sans l'autorisation de justice. Or, dans les contrats que la femme peut former avec son mari, elle est certainement bien autorisée par lui, puisque non seulement il est présent, mais encore il concourt avec elle à la confection du contrat (art. 217). Cette autorisation maritale suffit-elle, ou bien est-il nécessaire que la justice elle-même autorise?

I. — Oui, dit-on, dans une première opinion, le mari ne saurait autoriser sa femme à contracter avec lui. Ainsi, dit M. Duranton, « excepté les cas dans lesquels la loi, par une disposition spéciale, permet le contrat de vente entre époux, et peut-être quelques autres où la bonne foi ne saurait être révoquée en doute, on doit tenir pour principe que lorsque l'affaire se passe uniquement entre le mari et la femme, celle-ci n'est pas valablement autorisée, si elle ne l'est par la justice (II, nº 473) » (1).

En effet, peut-on dire, si le mari autorise sa femme, mais il va se trouver ainsi juge dans sa propre cause, et comment alors ne pas redouter son influence, comment ne pas craindre pour la fortune de la femme, qui est ainsi livrée à son entière discrétion, à tous ses caprices? Et si la maxime : *nemo potest esse auctor in rem suam* est l'expression d'une vérité incontestable, pourquoi ne pas l'appliquer ici? Et, du reste, le Code lui-même a bien su en faire l'application et exiger l'autorisation de justice dans les cas même où le mari eût volontiers autorisé sa femme ; art. 1558, pour l'aliénation de l'immeuble dotal, si le mari est en prison, etc...; 2144, pour la restriction de l'hypothèque légale de la femme.

---

(1) Selon M. Dalloz également (V. *Contr. de mar.*, nº 318) la femme « ne peut s'obliger avec le mari qu'avec le concours de certaines garanties, comme dans le cas de réduction d'hypothèque légale. »

N'est-il pas raisonnable qu'il en soit ainsi toutes les fois que les intérêts des époux seront opposés?

Enfin, ajoute M. Duranton, ces principes ont été consacrés par un arrêt du 14 février 1810, qui a annulé le désistement d'une femme dans une action en séparation de biens contre son mari, parce que ce désistement avait eu lieu sans l'autorisation de justice.

II. — Malgré ces diverses considérations qui ne laissent pas que d'être sérieuses, on peut décider que l'autorisation de justice est inutile.

Et d'abord, si cette maxime : *nemo potest esse auctor in rem suam* exprime une pensée vraie, encore est-il nécessaire de n'en faire qu'une juste application et de ne pas l'exagérer. Or, que dit-elle? Que personne ne peut donner d'autorisation dans sa propre cause. Mais de quel genre d'autorisation s'agit-il? N'est-ce pas de celle qui est donnée pour suppléer à l'incapacité morale d'un individu, et uniquement de celle-là? Et, en effet, c'est qu'il ne faut pas que celui qui jouit de toute son intelligence puisse en abuser pour faire consentir des contrats à l'incapable, qui, lui, ne peut comprendre toute la portée, toutes les conséquences de ses actes. Voilà le véritable sens de cette maxime. Et c'est ainsi que les lois romaines (l. 1, pr., de *auct. et contr. tut.*, D.) déclarent : *in rem suam tutorem auctorem fieri non posse.* Il en est de même du curateur envers le mineur ou l'interdit. Mais la femme mariée peut-elle être assimilée à un mineur? Et qui oserait dire que l'autorisation du mari a la même base que l'autorisation du tuteur, c'est-à-dire l'incapacité de la femme, comme l'incapacité du mineur? Donc, si la base de ces deux autorisations est différente, différentes doivent être aussi les conséquences qui en découlent.

si la maxime : *nemo potest*, etc..., doit s'appliquer au

premier, ce n'est pas une raison pour qu'elle s'applique au second. Et dès lors que les motifs qui l'ont édictée n'existent pas ici, ce serait en faire une fausse application que de vouloir la faire prévaloir entre mari et femme.

Cependant l'arrêt de 1810 a déclaré nul le désistement de la femme fait sans autorisation de justice. C'est vrai, mais pourquoi ? Parce que la femme, pour intenter une action en séparation de biens, avait besoin de cette autorisation, et qu'il a semblé naturel que pour abandonner cette action, la même autorisation fût nécessaire. C'était appliquer cette maxime romaine : *nihil tam naturale est quam eo genere quidquid dissolvere quo colligatum est.* Mais de plus, nous ne devons pas même concéder ce point, à savoir que l'autorisation de justice fût ici même nécessaire. Et en effet, comme Merlin (1) l'a d'ailleurs très-bien remarqué « de ces termes mêmes *eo genere*, il résulte clairement que pour dissoudre un acte qui a acquis toute sa perfection, il n'est pas nécessaire que la cause dissolvante soit de la même espèce que cet acte, et qu'il suffit qu'elle soit du même genre. » Or, l'autorisation du mari n'est-elle pas du même genre que l'autorisation de justice ? Ce qui le prouve, c'est que, alors même que la justice eût autorisé la femme à intenter une action contre un tiers, le mari néanmoins pourrait autoriser la femme à se désister.

Et de plus, l'autorisation du mari n'est-elle pas la règle et celle de justice l'exception ? Or, sauf les deux art. 1558 et et 2144, aucun texte n'exige l'autorisation de justice pour la femme, quand elle veut contracter avec son mari. Au contraire, chaque fois qu'il s'est présenté un cas où un contrat pouvait se passer entre époux, la loi a toujours gardé le si-

____

(1) Cité par M. Demolombe, *du Mariage*, II, n° 236.

lence sur cette autorisation, silence alors bien significatif. Les art. 1096, 1451, 1595, 157 en sont la preuve manifeste. Qui donc exigerait que dans les trois cas de l'art. 1595, où la vente est possible entre époux, que l'autorisation de justice fût nécessaire?

Les art. 1558 et 2144 ne peuvent non plus servir à soutenir l'opinion adverse. Et en effet, de quoi s'agit-il dans l'art. 1558? de l'aliénation d'un immeuble dotal, c'est-à-dire d'un immeuble que la loi déclare en principe inaliénable; les règles d'aliénation d'un tel bien ne peuvent être les mêmes que celles d'un immeuble non dotal et toujours aliénable. Les deux époux, le mari comme la femme, sont incapables d'aliéner cet immeuble dotal, et c'est pour les relever tous les deux de cette incapacité que l'autorisation de justice est nécessaire. Et l'art. 2144 est, lui aussi, tout exceptionnel; la restriction de l'hypothèque légale de la femme est un acte grave, dont les conséquences peuvent être fort dangereuses et que la femme cependant sera toujours bien loin de prévoir; il est donc naturel qu'ici encore la loi exige le contrôle de la justice. Et ne peut-on pas dire justement que si le législateur a cru nécessaire d'exiger dans les art. 2144 et 1558 cette intervention de la justice, c'est parce qu'il savait que le principe était l'autorisation du mari et que cette autorisation judiciaire n'était que l'exception. C'est donc le cas de dire : *exceptio firmat regulam*.

Il est un seul cas où la maxime : *nemo potest esse auctor in rem suam* pourra s'appliquer entre époux; c'est quand la femme sera mineure. Dans ce cas, le mari ne pourra autoriser sa femme mineure à traiter avec lui; c'est qu'en effet l'autorisation qu'il lui donnerait, il la donnerait comme mari, mais aussi comme curateur; et en cette dernière qualité, il tomberait donc sous l'application exacte de la maxime romaine : *in rem suam tutorem auctorem fieri non posse.*

Nous voici dès lors amenés à cette conclusion que les contrats permis entre époux sont valables sans que la femme ait besoin de l'autorisation de justice (1).

Voyons maintenant quels seront les effets de ces contrats.

§ 3. — *Quels sont les effets généraux des contrats entre époux?*

I. —Cette question a également divisé les auteurs. D'après M. Toullier (XII, n° 41), le Code, en n'accordant aux époux la faculté de se faire des donations « que sous la condition de révocabilité perpétuelle de leurs dons, n'a pu donner à tous les contrats, aux ventes par exemple, que l'un des conjoints fait à l'autre, la même stabilité qu'aux contrats faits entre étrangers. » Ainsi, les contrats qui ne sont pas défendus ne seront, comme les donations, maintenus que s'ils ne sont pas révoqués. C'est en défendant le système de la validité des changements au contrat de mariage que ce savant jurisconsulte déclare les contrats entre époux valables, mais révocables, ainsi que ces changements eux-mêmes. Mais cependant, si les contrats passés entre époux sont défendus, seront-ils au moins nuls? Non; si ces contrats sont défendus, c'est qu'ils sont présumés déguiser des donations ; or, la jurisprudence déclarant les donations déguisées non pas nulles, mais révocables, ces contrats eux aussi doivent être révocables.

(1) MM. Demol. (n° 236); Marc. (art. 224, II); Aubry et Rau (sur Zach., 2ᵉ édit., III, § 472, note 38, p. 332); Delvinc. (I, note 11 de la p. 75, très-explicite); aussi les trois arrêts de Caen, Bordeaux et Grenoble, cités p. 68, et Montpellier, 18 nov. 1853 (D., p. 55, 2, 90).

Mais alors quelle différence y a-t-il pour M. Toullier entre les contrats permis et les contrats défendus? Tous les deux produiront donc les mêmes effets, tous les deux seront donc maintenus s'ils ne sont pas révoqués; mais c'est impossible. Si c'est là ce qu'ont voulu dire nos législateurs, ce n'était pas la peine de permettre certains contrats et de défendre certains autres. Et de plus, M. Toullier, en déclarant valables, avec la condition de révocabilité, ces contrats comme n'étant que des donations déguisées, oublie que lui-même, dans son tome V, n° 901, déclarait nulles et non pas révocables les donations déguisées.

Il faut donc rejeter cette opinion, qui arrive ainsi à tout confondre. Pour parvenir à une solution exacte sur notre question des effets des contrats entre époux, il faut nécessairement distinguer d'une part les contrats qui sont sincères, de l'autre ceux qui ne le sont pas, c'est-à-dire qui ne servent qu'à masquer des donations; ces derniers contrats sont régis par l'art. 1099, auquel nous renvoyons donc l'examen de leur valeur et de leurs effets.

Maintenant quelle sera la valeur des contrats que les époux auront fait sincèrement et de bonne foi entre eux? Si ces contrats, quoique sérieux et sincères, sont défendus entre époux, comme la vente (art. 1595), il faudra appliquer la sanction édictée par les textes qui les défendent, c'est-à-dire les déclarer nuls, comme nous le verrons.

Si ces contrats sérieux et sincères sont permis, alors qui les empêcherait d'avoir la même stabilité, de produire les mêmes effets qu'entre étrangers? Après avoir repoussé le maintien de ces actes sous condition de révocabilité, il ne reste plus à choisir, il faut leur reconnaître une pleine et entière validité semblable à celle de toutes conventions passées entre autres personnes. Et cette décision, du reste, n'a rien que de très-conforme à la raison elle-même et aux textes. Quels motifs invoquer pour ébranler la solidité d'un contrat vrai et sincère? Comment soutenir qu'une vente faite conformément aux cas exceptionnels de l'art. 1595 ne doive pas être maintenue d'une manière stable, définitive, alors que ce texte ne déclare pas le contraire?

II. — Un des principaux effets des contrats, c'est de donner aux parties contractantes le droit d'en poursuivre l'exécution par tous les moyens de droit, poursuites extra-judiciaires ou judiciaires, saisies, etc..... Or, ces voies d'exécution seront-elles possibles entre époux? Cette question ne saurait être résolue d'une manière générale; il faut nécessairement distinguer suivant le régime matrimonial des époux.

Le régime sous lequel les époux sont mariés laisse-t-il à la femme l'exercice de ses actions? Alors, on ne voit rien qui puisse empêcher les poursuites entre eux; la position des deux parties est égale, car la femme, aussi bien que le mari, peut intenter des poursuites pour l'exécution de ses engagements. Il en sera ainsi sous le régime de séparation de biens, de même encore sous le régime dotal, si la femme a des biens paraphernaux; régimes qui laissent à la femme la libre administration de ses biens et l'exercice de ses actions. D'ailleurs, si l'on pouvait en douter, il suffirait de constater que la loi elle-même fait une obligation à la femme qui a obtenu la séparation judiciaire de commencer, au moins dans la quinzaine du jugement, des poursuites contre son mari pour le paiement de ses droits et reprises, sous peine de nullité de la séparation (art. 1444).

Si le régime matrimonial des époux ne laisse pas à la femme l'exercice de ses actions, tels sont les régimes sans communauté (art. 1530), ou dotal sans paraphernaux (art. 1549), ou surtout de communauté (art. 1428), alors il est bien certain que la femme ne pourra pas intenter d'action contre son mari pour l'exécution de ses engagements envers elle. La loi, en effet, pouvait-elle lui permettre d'entraver par ses poursuites l'administration du mari, de tenir en échec, pour ainsi dire, la puissance maritale? Mais non, c'eût été une contradiction évidente avec les droits reconnus au mari par la loi elle-même, sous ces divers régimes. Mais que l'on ne craigne rien pour les droits de la femme; non seulement la loi a pris le soin de déclarer que la prescription ne pourrait pas les atteindre pendant le mariage (art. 2253), mais encore elle en a assuré la conservation intégrale par l'hypothèque légale qu'elle accorde à la femme sur les biens de son mari (art. 2121); et même ce n'est pas tout, si la femme croit ne pouvoir attendre sans danger la dissolution du mariage, si ses biens sont déjà en péril ou sont menacés par les actes du mari, elle a un droit spécial, tout puissant, pour ainsi dire, celui de demander la séparation de biens (art. 1443), et alors elle rentre immédiatement dans l'exercice de ses actions; elle peut donc immédiatement agir contre son mari et obtenir le paiement de tous ses droits.

Le mari, au contraire, qui sous ce régime, comme sous tout autre, a l'exercice de ses actions, pourra-t-il, lui, poursuivre sa femme sur ses biens personnels au moins? Cette question est délicate et ne laisse pas que d'être difficile à résoudre. M. Demolombe (1) en a fait un examen tout particulier et a soutenu l'affirmative avec vigueur. Selon ce jurisconsulte distingué, le mari pourra poursuivre, mais avec l'autorisation de justice. Voici comment il arrive à cette solution :

____

(1) *Du Mariage*, II, n° 245.

Si l'on ne veut pas accorder au mari ce droit de poursuites sur les biens personnels de sa femme, mais on va le forcer « d'attendre indéfiniment le recouvrement de ses créances, même les plus légitimes et les plus certaines ! de l'attendre peut-être pour ne jamais en voir venir le jour, si c'est par son décès que le mariage doit se dissoudre. » N'est-ce pas là une position extrêmement dure pour lui ? Et qu'on ne dise pas « que la femme ne peut pas non plus exercer ses créances contre son mari, et que cette réciprocité est juste : la femme peut demander la séparation de biens et le mari ne le peut pas? » Toutefois, s'il peut paraître étrange de voir le mari poursuivre l'expropriation des biens qu'il est chargé d'administrer, alors qu'on lui permette de poursuivre non pas comme mari, mais comme administrateur, et ainsi il n'y aura plus rien de choquant. Et, en effet, comme tout bon administrateur, il doit pourvoir aux moyens de payer les dettes qui grèvent les biens qu'il administre. « Si la justice peut l'autoriser à vendre les biens de la femme, afin de payer ses dettes envers les tiers, pourquoi donc ne pourrait-elle pas l'autoriser à les vendre, afin de se payer lui-même, s'il est reconnu, en fait, que sa créance est légitime ? » Si le tuteur, créancier de son pupille, si l'héritier bénéficiaire, créancier de la succession, peuvent poursuivre le paiement immédiat de leurs créances, « pourquoi donc en serait-il autrement du mari dans ses rapports avec sa femme ? »

Et si l'art. 1478 laisse supposer le renvoi à la fin de la communauté du paiement des créances dues à l'un des époux, il faut cependant remarquer que cet article vise seulement le cas où, profitant de la sauvegarde de l'art. 2253, cet époux n'aurait pas poursuivi. Et la preuve que le réglement des droits respectifs n'est pas et ne doit pas toujours être renvoyé à la dissolution de la communauté se trouve dans les art. 1434, 1435, pour le remploi, et 1595, pour la dation en paiement.

Et enfin, de quoi s'agit-il? Simplement d'accorder au mari la faculté d'obtenir l'autorisation de justice pour parvenir au paiement de ses créances sur les biens de sa femme, et par là de ne pas le laisser dans cette position inique de ne pouvoir recouvrer ce qui lui est dû, alors même « qu'il aurait le plus grand besoin de ses ressources personnelles. » Et, du reste, « la nécessité d'une autorisation de justice répondrait à toutes les objections ; car la justice n'autoriserait cet acte d'administration qu'autant qu'il lui paraîtrait légitime, et les créanciers du mari seraient soumis, comme le mari lui-même, à cette condition. »

Tous ces motifs sont fort graves et peu faciles à combattre; néanmoins, la solution elle-même à laquelle ils conduisent ne nous semble pas conforme à l'esprit qui a dicté les différentes lois relatives aux droits respectifs des époux, surtout sous le régime de la communauté. Nous devons donc essayer de justifier l'opinion contraire qui refuse au mari le droit de poursuivre sa femme sur ses biens personnels.

Et d'abord, quelle est la position respective des deux époux? Est-elle égale? Mais non. Tandis que le mari, chef de l'association conjugale, a dans ses mains la libre administration et la jouissance de ses biens, des biens communs et même des biens de sa femme, celle-ci n'a aucun droit. Et si alors elle ne peut exercer contre son mari aucune poursuite, pourquoi le mari le pourrait-il contre elle? Parce que, dit-on, la femme peut demander la séparation de biens et que le mari ne le peut pas. Mais cela n'est rien moins que décisif, et en effet, il fallait bien accorder à la femme, si elle croyait ses droits en danger, le pouvoir de demander la séparation de biens, à elle qui ne peut administrer ses biens ; mais comment eût-on pu accorder ce pouvoir au mari déjà si privilégié, à lui qui administre tous les biens ? Est-ce que ses biens à lui peuvent courir quelque danger par suite des actes de sa femme ? Mais non, puisqu'il lui suffit de ne pas donner son autorisation aux actes qui peuvent lui sembler dangereux.

Du reste, M. Demolombe ne peut s'empêcher d'avouer « qu'il y aurait quelque chose d'étrange à voir, sous le régime de communauté, le mari poursuivre lui-même l'expropriation des biens de sa femme. » Mais cette étrangeté disparaîtrait-elle donc si le mari obtenait l'autorisation de justice, parce qu'il poursuivrait non comme mari, mais comme administrateur ?

Voyons cependant s'il le pourrait même en vertu de cette qualité. Oui, dit-on ; n'est-ce pas, en effet, le devoir de tout bon administrateur de pourvoir aux moyens de payer les dettes qui pèsent sur les biens qu'il administre ? Et si la justice peut autoriser le mari, comme l'art. 1558 en est la preuve, à vendre les biens de sa femme pour payer les tiers-créanciers, pourquoi ne pourrait-elle pas l'autoriser également pour se payer lui-même ? — Pourquoi ? Parce qu'il n'y a pas parité de situation entre lui et les tiers. Et, en effet, les tiers ne peuvent pas attendre sous peine de voir souvent péricliter leurs droits, et de plus, si les biens n'étaient pas vendus par les époux, eux les tiers pourraient les saisir pour les faire vendre ; c'est donc pour empêcher cette expropriation forcée que le mari pourra vendre, et s'il s'agit de biens dotaux, avec l'autorisation de justice, dont l'intervention est nécessaire pour vérifier la sincérité et la date certaine des créances. Le mari lui, au contraire, ne peut-il pas attendre ? L'art. 2253 sauvegarde toutes ses actions.

Les droits qu'il a sur les biens de sa femme ne sont-ils pas autres que les droits des créanciers, du tuteur, de l'héritier bénéficiaire sur les biens de leur débiteur, du pupille ou de la succession ? Lui, mari administrateur, ne peut-il pas, par une habile administration, conserver les biens de sa femme, les améliorer et assurer ainsi le paiement de ses créances pour l'avenir ? et si le tuteur peut également bien administrer, du moins, pas plus que les créanciers, pas plus que l'héritier bénéficiaire, il n'est protégé par le bénéfice de la suspension de la prescription, selon l'art. 2253.

Mais il y a plus, si avec l'autorisation de justice le mari peut vendre les biens de sa femme, même les biens dotaux (art. 1558), cependant, il ne faut pas l'oublier, ce n'est jamais qu'autant que la femme y a donné son consentement. L'art. 1428 est formel à cet égard ; il ne fait aucune exception. Or, si la femme consent à la vente de ses biens afin que le mari, qui, avec l'administration, a aussi la jouissance, puisse profiter des sommes ainsi réalisées, à quoi servirait l'autorisation de justice ? Mais si la femme ne consent pas à cette vente, est-ce que la justice pourrait briser sa volonté et autoriser le mari à vendre malgré elle ? Non, jamais la seule qualité d'administrateur ne lui ferait obtenir ce droit si la femme s'y refuse ; serait-ce donc en qualité de créancier, et pourrait-il donc agir par la voie de l'expropriation forcée ? Mais non ; comment pourrait-on concevoir un mari agissant ainsi contre sa femme, et cela pendant la communauté ?

Enfin, nos législateurs avaient si peu l'idée que le mari, chef de l'association conjugale, pût poursuivre sa femme sur ses biens personnels, que M. Bigot de Préameneu justifiait ainsi l'art. 2253, qui suspend la prescription entre époux : « Quant aux époux, disait-il, il ne peut y avoir de prescription entre eux : il serait contraire à la nature de la société du mariage que les droits de chacun ne fussent pas l'un à l'égard de l'autre respectés et conservés. L'union intime qui fait leur bonheur est en même temps si nécessaire à l'harmonie de la société que toute occasion de la troubler est écartée par la loi. Il ne peut y avoir de prescription quand il ne peut même pas y avoir d'action pour l'interrompre. » (Fenet, XV, p. 585.)

Donc, pour exercer ses droits, le mari, déjà si privilégié, et qui, en définitive, ne court aucun danger, devra attendre la dissolution de la communauté, absolument comme la femme, qui est obligée d'attendre, même pour ses créances les plus légitimes, si elle ne veut pas demander la séparation de biens, de peur de mettre la désunion entre elle et son mari.

DEUXIÈME PARTIE.

Des Règles particulières édictées par le Code.

———

Ces règles générales ainsi posées, il nous reste à étudier les quelques règles particulières édictées par le Code sur les contrats entre époux : les unes sont communes à tous ces contrats; les autres relatives à certains de ces contrats. Les premières devront tout d'abord appeler notre attention; telle est la disposition de l'art. 1395, qui défend toute convention modifiant les clauses du contrat de mariage; telle est aussi celle de l'art. 1099, qui traite des donations déguisées sous un contrat quelconque. Toutefois, l'étude de ce dernier article ne peut venir qu'après les règles sur les donations, dont il est la sanction et qu'il faut ainsi préalablement connaître. D'un autre côté, cet art. 1099 doit précéder l'examen des autres contrats, et notamment de la vente, puisque le dernier alinéa de l'art. 1595 vise un des cas de l'art. 1099.

Ainsi nous verrons, dans un premier chapitre, l'art. 1395; dans un deuxième, les donations; dans un troisième, les donations déguisées; dans un quatrième et dernier, mais non le moins grave, les contrats à titre onéreux, dont les plus importants seront l'objet chacun d'une section séparée.

CHAPITRE I.

Des Conventions modificatives du contrat de mariage (art. 1395).

D'après l'art. 1395, les clauses du contrat de mariage « ne peuvent recevoir aucun changement après la célébra- » tion du mariage. » L'immutabilité des conventions matrimoniales est donc consacrée par cet article. Ce n'est pas là un principe nouveau, et notre ancien droit l'avait formellement reconnu. Cependant il s'est trouvé vivement attaqué par M. Toullier (XII, n°s 24 à 41), qui s'est efforcé de chercher dans l'inexistence, selon lui, des motifs qui l'avaient autrefois fait admettre, la justification des changements à ces conventions.

Si, nous dit M. Toullier, l'ancien droit avait admis l'immutabilité du contrat de mariage, c'était qu'alors il était considéré plutôt comme un contrat entre les familles, dont il réglait et sauvegardait pour l'avenir les intérêts pécuniaires, qu'un contrat entre les futurs époux eux-mêmes. La preuve en est dans l'art. 258 de la coutume de Paris, entre autres, qui permettait ces changements, s'ils avaient lieu avec le consentement des parents.

Si cependant le principe de l'immutabilité survécut à cette vieille idée que le « contrat de mariage établit une loi immuable entre les deux familles, » idée disparue dès le siècle dernier, cela tenait à la prohibition des donations entre époux. Et, en effet, permettre ces modifications, c'eût été assurément donner le champ libre aux libéralités entre époux, malgré la prohibition.

Mais, aujourd'hui, tous ces motifs n'existent plus. Il est parfaitement reconnu que le contrat de mariage n'est un pacte qu'entre les époux et non entre les familles ; et de plus, la prohibition des donations entre époux a été rejetée (art. 1096) ; il s'ensuit donc que l'immutabilité du contrat de mariage n'a plus sa raison d'être. Si les époux peuvent se gratifier, pourquoi ne le pourraient-ils pas par ces modifications ? Mais il est vrai de dire que ces libéralités devront être soumises aux règles ordinaires des donations, et qu'ainsi, comme elles, elles seront révocables.

Et n'est-il pas conforme à la raison que les deux époux puissent modifier d'un commun accord ce qu'ils ont établi avec le même accord ? Ce n'est du reste que l'application de « cette grande règle d'équité naturelle que nous a transmise la sagesse des jurisconsultes romains : *nihil nam naturale est quiquid dissolvere quam eo genere quo colligatum est*, etc. » Et c'est après plusieurs années d'existence commune que les époux peuvent le mieux juger du régime qui leur convient ; et pourquoi serait-il défendu à deux époux séparés de biens par contrat de mariage, une fois « dégoûtés de ce triste isolement de leurs intérêts, » de revenir au régime de la communauté, si favorable à la prospérité de la famille ?

La raison commande donc de ne pas annuler les changements au contrat de mariage, mais de les maintenir comme les donations, tant qu'ils ne sont pas révoqués. « Aussi nos législateurs se sont-ils bien gardés de prononcer cette nullité, et l'on ne saurait l'induire des art. 1394 et 1395 » ; tout ce qu'il en résulte, c'est que ces modifications n'auront « ni le caractère, ni la force des conventions matrimoniales proprement dites. »

L'opinion de M. Toullier n'a trouvé que des adversaires

et point de partisans. M. Demante, notamment, en a présenté une réfutation aussi juste que vigoureuse, dans la *Themis*, *VIII*, p. 229. Examinons donc comment peuvent et doivent se repousser tous les arguments du grand jurisconsulte Breton.

Et d'abord, est-il parfaitement prouvé que la nullité des modifications au contrat de mariage tenait surtout à ce qu'il était plutôt le contrat des familles que des époux ? Mais non ; il est bien vrai que cette idée put servir, à une certaine époque, à justifier cette nullité ; mais, du jour où cette idée disparaissait, la nullité eût dû disparaître aussi. Et de plus, s'il est vrai que l'art. 258 de la coutume de Paris semblait, par la généralité de ses expressions, comprendre même les modifications ou contre-lettres postérieures au mariage lui-même, cependant il était reconnu que, d'après le principe de l'immutabilité des conventions matrimoniales, l'application de cet art. 258 devait se borner aux contre-lettres passées depuis le contrat de mariage et avant la célébration du mariage. C'est là une distinction adoptée par notre Code (art. 1396).

Mais la nullité des modifications, ajoute M. Toullier, avait une autre base qui n'existe plus aujourd'hui, la prohibition des donations entre époux. Soit, ce pouvait être un des motifs invoqués à l'appui, mais ce n'était pas un des motifs essentiels et servant de base à cette nullité, et ce qui le prouve. c'est qu'elle était admise même dans les pays de droit écrit et dans les coutumes qui permettaient cependant les donations entre époux.

Si l'art. 1395 ne prononce pas la nullité d'une manière expresse, est-ce à dire pour cela que ces termes : « elles (les conventions matrimoniales) ne peuvent recevoir aucun changement », signifient qu'elles pourront recevoir cependant des modifications, mais révocables? Ne pouvant supprimer cet article, M. Toullier était bien obligé de lui donner un sens qu'il n'avait pas. Ce n'est qu'en matière de procédure qu'il est vrai de dire qu'il n'y a point de nullité, si elle n'est expressément édictée ; mais dans le Code civil, il en est autrement, et la nullité seule pouvait sanctionner la prohibition de cet art. 1395.

Si cependant l'immutabilité du contrat de mariage existe, c'est qu'elle doit avoir une base sérieuse, et c'est cette base que M. Toullier n'a pas vue, et c'est elle qui va nous servir à réfuter l'argument qu'il veut tirer de la raison elle-même. Les anciens auteurs, du reste, l'avaient bien aperçue : « s'il était permis d'altérer les clauses des conventions matrimoniales, dit Bouhier (Cout. Bourgogne, ch. 21, n° 157), celui des conjoints qui aurait le plus de pouvoir sur l'esprit de l'autre n'oublierait rien pour faire changer à son avantage ces conventions, et en cas de refus, cela ne manquerait pas de causer entre eux des querelles qui troubleraient l'union et la concorde que l'intérêt public veut qu'on entretienne entre mari et femme. » Ainsi, bien loin de voir dans ces modifications un signe d'harmonie entre les époux qui connaissent mieux quel régime leur convient, on ne doit y voir que des causes de troubles et de désordres que l'intérêt de la société doit faire écarter.

Enfin, dernière considération qui a bien son importance, c'est que la sécurité des tiers contractant avec les époux exige cette immutabilité du contrat de mariage. Quelles seraient donc leurs garanties, si les époux pouvaient à volonté transformer leurs propres en biens de communauté, ou les biens communs en biens propres , et surtout les biens communs ou propres en biens dotaux, c'est-à-dire en biens inaliénables? Mais n'est-ce pas le crédit même des époux qui en souffrirait? Qui voudrait, en effet, traiter avec eux sans obtenir les garanties les plus sérieuses, les plus étendues, qu'ils ne pourraient pas toujours fournir? Et si l'on songe que la qualité d'époux est celle de la très-grande majorité d'un pays, on comprend bien vite combien l'ordre public, la société elle-même a intérêt au maintien des conventions matrimoniales et à la nullité de toutes leurs modifications. Aussi M. Troplong a-t-il pu dire : « La mutabilité des conventions matrimoniales aurait, au point de vue des intérêts, le même inconvénient que le divorce au point de vue de l'union des personnes. » (*Contrat de mar.*, I, n° 212.)

CHAPITRE II.

Des Donations entre époux.

———

§ 1. — *Système du Code sur ces contrats.*

Les dangers des donations pendant le mariage avaient amené à Rome leur prohibition d'abord, et plus tard leur révocabilité seulement. Dans notre ancien droit, la plupart des coutumes, s'autorisant des mêmes motifs, les avaient aussi expressément défendues ; quelques-unes les avaient admises avec la révocabilité, à l'exemple du droit romain du Bas-Empire et ainsi que tout le midi de la France; d'autres, en petit nombre, les autorisèrent entre époux comme entre étrangers, sans y apporter aucune modification. Enfin, le droit intermédiaire, rompant avec la législation générale qui l'avait précédé, accorda aux époux une liberté complète pour toutes les libéralités qu'ils voudraient se faire.

Les législateurs de 1804, on le voit, n'avaient qu'à choisir entre des règles si différentes et dont l'expérience des temps passés avait pu montrer les avantages ou les inconvénients. Quel système ont-ils suivi? La prohibition absolue des donations entre époux leur a paru trop rigoureuse, mais la liberté absolue trop dangereuse aussi ; alors ils ont adopté un moyen terme, à peu près celui du droit romain. Ainsi, tout en permettant ces donations, ils déclarent qu'elles « seront toujours révocables » (art. 1096). « De cette manière, a dit M. Troplong, le Code a concilié l'affection avec l'indépendance, la pureté du mariage avec la récompense des soins et de la tendresse d'un conjoint envers l'autre. La donation exprime un sentiment d'affection qui dérive du mariage ; mais la révocabilité permet à un époux de ressaisir ce que les obsessions de l'autre lui auraient arraché ; elle encourage le donataire à persévérer dans son dévouement, pour que le donateur persévère dans sa libéralité » (Donat., IV, n° 2,639).

La donation entre époux diffère ainsi des donations entre-vifs ordinaires en ce qu'elle n'est pas soumise au principe de l'irrévocabilité, et par là elle se rapproche des libéralités testamentaires qui sont toujours révocables et ne deviennent définitives qu'au décès du disposant ; d'un autre côté, elle s'éloigne de ces dernières en ce qu'elle est bien certainement un contrat entre-vifs, exigeant l'accord des deux volontés, et non un simple acte fait en dehors et à l'insu peut-être du bénéficiaire, et c'est ce qu'elle a de commun avec les premières.

§ 2. — *Quel est le caractère de ces donations. — Conséquences.*

I. — Mais alors quelle est donc la véritable nature de la donation entre époux? Ce n'est pas là une question sans importance ; c'est qu'en effet, le Code a malheureusement traité la matière des donations entre époux avec une brièveté que tous les auteurs s'accordent à regretter, et il faut bien savoir au juste ce qu'est cette libéralité pour savoir aussi quelles règles il faut lui appliquer.

Dans un premier système, aujourd'hui presque complétement abandonné, on voulait ne voir dans cette donation révocable qu'une donation à cause de mort, système trop contraire aux textes du Code pour être admissible (1).

D'après une deuxième opinion, présentée surtout par M. Troplong, cette donation « ne peut pas être rapportée à un type unique; » elle ne serait « ni une donation entre-vifs proprement dite, ni une libéralité à cause de mort, dans la pureté des principes, mais... un mélange des deux. » Mais alors quelles règles faudra-t-il donc appliquer? C'est l'incertitude la plus complète; et M. Troplong lui-même est bien obligé de l'avouer, car il ajoute : « Il faut un éclectisme prudent pour ne pas s'égarer sur ses effets pratiques. » (*Donat.*, IV, n° 2,640.)

Il vaut donc mieux se rallier à une troisième opinion, qui ne voit dans la donation entre époux qu'une donation entre-vifs. En justifiant cette opinion, nous repousserons par là même les précédentes.

Et d'abord, l'art. 893 ne reconnaît que deux manières de disposer à titre gratuit : par donation entre-vifs et par testament. La donation à cause de mort, déjà abolie par l'ordonnance de 1731, n'existe donc plus. Il faut ainsi nécessairement ranger la donation entre époux dans l'une ou l'autre de ces deux catégories. Or, cette disposition à titre gratuit

____

(1) Merlin (Rép., v° *Donat.*, sect. XI, p. 145); Toullier (v°, n° 918); Duranton (IX, n° 777, et XV, n° 536); Delvincourt (note 6 de la p. 109).

n'est pas un testament, et personne n'a même voulu le soutenir ; donc, ce ne peut être qu'une donation entre-vifs.

Mais, d'ailleurs, ce titre lui est expressément reconnu par l'art. 1097 ; et de plus l'art. 2 de la loi du 21 juin 1843 ne peut laisser aucun doute à cet égard, puisqu'il déclare les donations entre époux soumises aux mêmes formes que les donations entre-vifs. Mais pourquoi, a-t-on dit, le Code a-t-il, dans l'art. 1096, employé ces expressions : « Quoique qualifié entre-vifs ? » N'est-ce pas parce que, par elles-mêmes, elles ne sont pas des donations entre-vifs ? —Non, ces expressions n'ont pas cette signification. Par ces mots, le législateur a simplement voulu assurer la révocabilité de ces donations et dire qu'ainsi elles seront toujours révocables, quel que soit le nom donné par les époux à ces libéralités, et alors même que, dans la pensée de les soustraire au droit de révocation du donateur, ils les auraient qualifiées entre-vifs.

Cependant, on a insisté et on a dit : La donation entre époux, en devenant révocable, n'a-t-elle pas par là même perdu le caractère des donations entre-vifs, essentiellement irrévocables ? — Non, parce qu'il n'est pas exact tout d'abord de dire que l'irrévocabilité soit de l'essence des donations entre-vifs ; pas plus qu'elle n'est de l'essence des conventions, comme l'ont fort bien démontré MM. Aubry et Rau (2e éd. V, § 699, note 5, p. 306); et c'est ainsi, par exception aux principes généraux des conventions, que les donations entre-vifs ont été déclarées irrévocables. Et d'ailleurs, personne ne refuse aux donations par contrat de mariage ce titre de donations entre-vifs, et cependant l'art. 947 permet, en ne leur rendant pas applicable l'art. 943, de les faire dépendre de la seule volonté du donateur, c'est-à-dire de leur enlever l'irrévocabilité.

Ainsi, bien que révocable, la donation entre époux n'en

est pas moins une donation entre-vifs, et nous allons voir quelles en sont les conséquences; mais, comme les règles à appliquer varieront suivant l'objet de la donation, il faut connaître avant tout sur quels biens elle peut porter.

II. — Entre étrangers, la donation ne peut comprendre que des biens présents: la donation de biens à venir ne saurait être, en effet, irrévocable ; elle était donc contraire à la règle d'irrévocabilité établie par le législateur. Il en est autrement des donations par contrat de mariage et pendant le mariage ; l'art. 943, en effet, qui déclare nulles les donations de biens à venir, ne s'applique pas à elles (art. 947).

Ainsi, la donation entre époux peut porter soit sur des biens présents, soit sur des biens à venir, soit à la fois sur les uns et sur les autres.

De plus, toute liberté est laissée aux époux pour les conditions qu'ils voudront insérer dans la donation et pour les charges qui peuvent être imposées au donataire.

III. — Voyons maintenant les conséquences de leur caractère de donations entre-vifs.

1° *Au point de vue de la forme.* — La donation entre époux étant une donation entre-vifs doit être faite dans les mêmes formes qu'elle. Ainsi, d'après l'art. 931 du Code et l'art. 2 de la loi du 21 juin 1843, elle devra être passée devant notaires et par acte en minute. L'acceptation du donataire devra être expresse, selon l'art. 932; il n'y a d'exception que pour les donations par contrat de mariage (art. 1087).

Un état estimatif sera-t-il exigé pour une donation de biens meubles présents? N'est-il pas destiné à assurer l'irrévocabilité? Or, cette donation est révocable ; il est donc inutile? Non, il aura son utilité; ainsi, pour empêcher ces biens d'être saisis par les créanciers du donateur et encore pour déterminer la légitime des enfants et fixer la valeur de ces biens en cas de réduction ou de révocation.

S'il s'agit d'une donation d'immeubles présents, la transcription sera-t-elle nécessaire? Il y a controverse sur ce point. Pour certains auteurs, elle est inutile. « Pourquoi, dit M. Troplong, donner la publicité qui accompagne la transcription à une libéralité précaire, à un acte qui n'a rien de stable, qui, par sa nature, est révocable *ad nutum*, et qui n'enlève pas au donateur le droit de vendre, d'hypothéquer, etc... ? » (nᵒ 2,652). Cependant, disons que, puisque cette donation est une donation entre-vifs, la transcription même doit être exigée, et bien loin d'être inutile, c'est par elle seule que les biens donnés échapperont au droit de gage des créanciers chirographaires du donateur et aux hypothèques légales ou judiciaires postérieures à cette transcription. Toutefois, M. Troplong (nᵒˢ 2,657 et 2,670) admet ces derniers effets; mais, comme le fait justement remarquer M. Dalloz (*Dispos.*, nᵒ 2,396), n'y a-t-il pas là contradiction avec l'idée de la non nécessité de la transcription? « Comment le dessaisissement peut-il être opposé aux tiers, s'il n'y a pas eu de transcription? » — Dernière utilité enfin de la transcription, c'est d'empêcher les héritiers du donateur de pouvoir, à sa mort, ou aliéner les biens donnés, ou les grever d'hypothèques et charges quelconques.

Pour les donations de biens à venir, il ne peut y avoir d'état estimatif ni de transcription, puisqu'au décès seul on connaîtra quels biens ont été donnés.

Aux règles ordinaires de formes, une exception a été faite par l'art. 1097 au sujet des dons mutuels. Dans l'ancien droit, ces genres de libéralités étaient vus avec faveur; aujourd'hui, ils n'existent plus, et c'est l'art. 1097 qui les a abolis, puisqu'il défend expressément ce qui était nécessaire à leur existence : la confection de ces donations par un seul et même acte. Pourquoi cette défense? Parce que, après avoir établi la révocabilité des donations entre époux, permettre de se donner réciproquement par un seul et même acte, c'était exposer les époux à se croire entièrement liés par cet acte, où les deux donations semblent n'exister que l'une par l'autre, et à ne pouvoir ainsi révoquer que d'un commun accord. Le droit de révocation, pour être absolument libre, exigeait donc cette défense. Toutefois, les époux peuvent se donner mutuellement, mais par acte séparé; ces donations seront valables, fussent-elles même faites l'une après l'autre, devant les mêmes notaires et les mêmes témoins.

2° *De la capacité.* — Les règles de capacité sont aussi les mêmes que pour les donations entre-vifs. Ainsi un époux mineur est incapable de donner à son conjoint (1), l'art. 904 ne lui permet, en effet, de disposer que par testament; et l'art. 1095 est une exception qui ne peut s'étendre et se restreint aux donations par contrat de mariage, exception due à la faveur que l'on doit au mariage et aux garanties contre tout entraînement par la présence des parents, motifs qui n'existent pas pour les donations pendant le mariage.

L'époux pourvu d'un conseil judiciaire ne pourra pas donner sans l'assistance de son conseil.

Et selon la loi du 31 mai 1854, celui qui aura été frappé d'une peine afflictive perpétuelle sera entièrement incapable de donner ou de recevoir.

A quelles époques sera requise la capacité des époux? Aux mêmes époques que pour les donations entre-vifs : ainsi le donateur doit être capable à la confection de la donation

(1) Bordeaux, 18 déc. 1866 (D. P., 67, 2, 125).

et à l'acceptation du donataire; peu importe qu'il soit ou non capable à son décès, du jour de l'acceptation la donation s'est trouvée tout-à-fait accomplie. Le donataire doit également être capable de recevoir à la confection de la donation et à son acceptation; mais doit-il l'être encore au décès du donateur? C'est là une question que nous aurons à examiner plus loin, car elle est la même que celle-ci : la donation entre époux est-elle caduque par le prédécès du donataire? La solution de l'une sera donc la solution de l'autre.

3° *De leurs effets.* — Pour bien saisir quels sont les effets de ces donations révocables, il faut distinguer suivant qu'elles portent sur des biens présents ou sur des biens à venir.

A Rome et dans l'ancien droit, la donation entre époux révocable était, par suite de son assimilation avec la donation à cause de mort, entièrement inutile à sa confection, *ab initio*, c'est-à-dire qu'elle ne conférait aucun droit au donataire, et ce n'était que lors du décès qu'il acquérait un droit aux objets donnés; de là il devait être capable de recevoir à ce jour. Au contraire, dans notre droit, comme cette donation, malgré sa révocabilité, n'en est pas moins une véritable donation entre-vifs, comme celle-ci donc elle est valable *ab initio.* Au jour même où elle est accomplie, elle saisit immédiatement le donataire du droit que lui donne le donateur. De là le donataire va avoir la jouissance immédiate du bien donné, dont il pourra même disposer à son gré, à sa fantaisie; il pourra à son tour le donner ou le vendre; mais il ne faut pas oublier qu'il ne peut jamais transmettre aux tiers que les mêmes droits qu'il possède, c'est-à-dire des droits révocables.

Le donateur est bien certainement dépouillé des biens donnés; mais grâce au droit de révocation que la loi lui ac-

corde, il peut les reprendre, soit expressément, soit tacitement, comme nous le verrons, et ainsi il peut donner de
nouveau ces biens, ou les vendre, ou les hypothéquer, ou les
grever de servitudes. C'est donc un droit bien puissant qui
lui reste, mais qui lui reste à lui seul. Et tant qu'il n'a pas
exercé ce droit, c'est le donataire seul qui est propriétaire,
par exemple, des immeubles donnés ; et ces immeubles sont
si biens sortis du patrimoine du donateur que ses créanciers ne peuvent les saisir, et que les hypothèques légales
ou judiciaires postérieures à la transcription ne peuvent les
grever.

Donc, en résumé, la donation de biens présents confère à
l'époux donataire les mêmes droits qu'une donation entre-
vifs, mais ces droits sont affectés de la condition résolutoire
de non révocation du donateur.

Pour les donations de biens à venir, la force même des
choses veut qu'il en soit autrement ; et, en effet, ce n'est
qu'au décès du donateur que l'on pourra savoir sur quels
biens a porté la donation, et ce n'est qu'à ce moment, en
fait, que le donateur peut les recueillir ; mais comme il y a
eu donation et non pas seulement libéralité testamentaire,
du jour de cette donation le donataire a acquis un droit
certain, mais dont l'objet n'est pas encore déterminé. De là,
sitôt que la révocation n'est plus possible, c'est-à-dire au
décès du donateur, à l'instant même il est saisi définiti-
vement des biens donnés, et il ne sera pas obligé de faire
une demande en délivrance aux héritiers, car il est donataire
et non légataire.

Il nous reste à traiter deux grandes questions, celles de la
réduction et de la caducité des donations entre époux ; pour
être complètes, elles demanderaient de longs développements
qui ne seraient, dans notre sujet, que des hors-d'œuvre ;

aussi les renvoyons-nous aux questions controversées, en nous contentant ici d'en dire quelques mots.

4° *De la réduction*. — Le donateur a pu, par de nombreuses libéralités, entamer la réserve accordée par la loi à certaines personnes ; il y aura lieu alors de réduire ces libéralités. Il est de règle que la réduction porte d'abord sur tous les legs ensemble, au marc le franc, et ensuite sur les donations dans l'ordre de leur date. A quel ordre faut-il placer la donation entre époux ? S'il s'agit de biens présents, puisque cette donation est parfaite *ab initio*, elle ne peut être réduite qu'après les donations postérieures en date à elle-même.

La donation de biens à venir ne sera-t-elle, elle aussi, réduite que d'après l'ordre de sa date ? C'est là un point des plus controversés. Si la donation de biens à venir par contrat de mariage, ont dit MM. Aubry et Rau (2ᵉ édit., V., § 744, note 17, p. 552), n'est réduite qu'après toutes les donations postérieures en date, « cela tient uniquement à ce qu'elle est irrévocable et ne peut recevoir aucune atteinte par l'effet de dispositions postérieures ; » mais « le droit de l'époux donataire, ne portant que sur des biens à venir, ne peut, quant à son objet, rétroagir au jour du contrat et ne prend date que du jour du décès. » Donc, disent ces auteurs, d'accord avec M. Troplong (n° 2,661), la donation de biens à venir doit subir la réduction avant les autres donations, mais après le legs, car c'est une donation. Pour nous, nous devons rejeter cette opinion, puisque nous avons admis que même dans la donation de biens à venir, le droit du donataire lui est acquis du jour de cette donation, et peu importe ici qu'il n'acquiert l'objet qu'au décès du donateur. Et de plus, dirons-nous avec MM. Demolombe (*Donat.*, VI, n° 467) et Dalloz (Vᵒ *Dispos.*, n° 2,409), vouloir la réduire après les legs, c'est la considérer, vis-à-vis d'eux, comme une donation ; vouloir la réduire avant les donations postérieures en date, c'est la considérer comme un legs ; or, est-il admissible qu'elle puisse être à la fois legs et donation ?

5° *De la caducité*. — De ce que la donation de biens présents est valable *ab initio*; de ce qu'elle confère un droit réel, certain, au donataire, du jour où elle est accomplie et dépouille le donateur immédiatement, bien qu'il conserve son droit de révocation ; en un mot, de ce qu'elle est une donation entre-vifs, il faut, semble-t-il, conclure que sa validité, sa perfection ne peuvent souffrir du prédécès du donataire. C'est là, cependant, encore une conclusion vivement combattue.

De nombreux auteurs, pour démontrer sa caducité par le prédécès du donataire, se sont appuyés soit sur le droit romain, soit sur l'ancien droit, soit surtout sur le silence du législateur. Autrefois, dit ainsi M. Marcadé (art. 1096, III), la donation entre époux était caduque par le prédécès du donataire ; or, le législateur devait avoir nécessairement ces anciennes règles présentes à l'esprit ; s'il avait voulu les changer, il se serait certainement expliqué à cet égard, comme il l'a fait du reste dans l'art. 1092, qui déclare, contrairement aux principes des pays de droit écrit, que la donation par contrat de mariage n'est pas censée faite sous condition de survie, si cette condition n'est formellement exprimée. La donation entre époux doit donc aujourd'hui, comme dans l'ancien droit, être déclarée caduque par le prédécès du donataire.

Nous répondrons ce que nous avons dit, à savoir que la donation entre époux est valable *ab initio*, et non pas inutile comme à Rome et dans l'ancien droit, et que, de plus, le silence de l'art. 1096 n'a pas l'importance qu'on lui prête ;

le législateur n'avait d'autre but que d'enlever à la donation entre époux le caractère d'irrévocabilité qu'il venait d'accorder à la donation entre-vifs, s'en rapportant pour le reste aux règles ordinaires de ces dernières (1).

Pour la donation de biens à venir, il n'y a pas de contestations, tous les auteurs reconnaissent que cette donation sera caduque si le donataire prédécède ; c'est qu'en effet, en fait les biens ne lui sont dévolus qu'au décès du donateur ; donc, s'il n'est pas là pour les recevoir, la donation ne peut se maintenir, elle doit tomber. C'est du reste ce qu'a décidé l'art. 1093, pour les donations de biens à venir par contrat de mariage, bien qu'elles soient irrévocables ; à plus forte raison doit-il en être de même pour les donations entre époux, qui sont révocables.

§ 3. — *De la révocabilité des donations entre époux.*

I. — A l'exemple du droit romain, le Code a imprimé aux donations entre époux le caractère de la révocabilité ; c'est là un de ses caractères essentiels, admis, on le sait, aussi bien dans l'intérêt des époux que dans celui de l'ordre public. De là donc les époux ne peuvent jamais renoncer à ce droit de révoquer leurs donations ; autrement, en effet, qui ne voit que cette renonciation n'eût pas tardé à devenir une simple clause de style ?

Le donateur est donc libre de révoquer quand bon lui

(1) En ce sens, MM. Demolombe (*Donat.*, VI., n° 469) ; Troplong (*Donat.*, IV, n° 2,659), qui avait d'abord émis l'opinion contraire (n° 3,273 *du Contr. de mar.*) ; Aubry et Rau, 2ᵉ éd., V, § 744, note 19, où cette question est longuement traitée ; Toulouse, 26 février 1861 (D. P., 61, 2, 58) ; Angers, 27 janvier 1848 (D. P., 48, 2, 51) ; Cass., 18 juin 1845 (D. P., 45, 1, 273).

semble; mais peut-il le faire pour n'importe quel motif, d'après sa pure fantaisie? M. Demolombe (*Donat.*, VI, n° 443) n'admet pas que le donateur ait ce droit exorbitant; la donation n'est pas, comme un testament, acte fait par le testateur seul; c'est un contrat, une convention qui lie, engage celui qui l'a faite. S'il peut cependant, avec le secours de la loi, révoquer cette libéralité, du moins ne le peut-il que pour des motifs sérieux, et non par pure fantaisie; son honneur, sa conscience l'y obligent.

Cette opinion est certainement fort juste en morale, mais elle ne saurait trouver aucune base dans la loi. Qui donc, d'après la loi, est juge des motifs de révocation? Mais, le donateur seul, et personne autre. En fait, donc, cette opinion de ce savant jurisconsulte est dénuée de toute sanction, et dès lors le donateur peut révoquer pour quelque motif que ce soit.

Ce droit de révocation est personnel au donateur; seul il peut l'exercer: ni ses héritiers, ni ses créanciers ne pourront le faire; ces derniers, s'ils veulent attaquer la donation, devront prouver, selon l'art. 1167, qu'elle a été faite en fraude de leurs droits. Et, pour assurer au donateur la plus complète liberté sous ce rapport, la loi a eu soin de déclarer que la femme n'aurait besoin d'aucune autorisation pour révoquer la donation faite à son mari (art. 1096).

II. — Si le donateur veut révoquer sa donation, comment fera-t-il connaître sa volonté? Il peut manifester cette volonté soit expressément, soit tacitement.

Quelle doit être la forme de l'acte contenant révocation expresse? Jusqu'à la loi du 21 juin 1843, on avait pu douter s'il fallait exiger les mêmes formes que pour les révocations de testament ou s'il n'y avait pas là une question de fait laissée à l'appréciation des tribunaux. Cependant, semble-t-il,

pourquoi douter ? N'y a-t-il pas identité entre ces deux révocations ? L'une n'est-elle pas aussi importante que l'autre ?
Aujourd'hui, plus de doute, l'art. 2 de la loi de juin 1843
déclare que cette révocation doit être faite dans la forme,
non pas des actes ordinaires, mais des donations elles-mêmes.
Cette révocation est donc assimilée à celle des testaments.
De là, selon l'art. 1035, elle pourra en outre avoir lieu par
acte olographe, dans la forme des testaments.

Le donateur a pu n'exprimer sa volonté que par des actes,
d'une manière tacite ; alors quels seront les faits qui la feront
connaître ? Ce seront les mêmes que pour les libéralités testamentaires évidemment ; il faut donc ici suivre les règles
établies par le Code à cet égard.

L'on peut dire d'une manière générale que la révocation
résultera de tout acte postérieur à la donation, inconciliable
avec elle. Telle sera l'aliénation des biens donnés, aliénation
à titre gratuit ou à titre onéreux ; même une vente faite à
réméré ou sous pacte de rachat ; c'est qu'en effet, cette vente
est bien une aliénation réelle, véritable, affectée seulement
d'une condition résolutoire. La vente sous condition suspensive, au contraire, ne révoquera pas la donation, car tant
que cette condition n'est pas réalisée, on ne peut pas dire
qu'il y a aliénation. Remarquons qu'il faut dire ici, d'après
l'art. 1038, que ces diverses aliénations emportent révocation
de plein droit et que la preuve de non révocation n'est pas
admise ; le Code a voulu couper court à tous les procès
naissant de ces questions d'interprétation.

Mais y aura-t-il encore révocation, si l'aliénation est
déclarée nulle ? Oui, répond le Code ; il est certain, in-
dubitable que le donateur a voulu aliéner ; c'est suffisant,
il y aura révocation. Toutefois, si la nullité venait justement
d'un vice du consentement, on ne pourrait pas dire

qu'il y a eu volonté d'aliéner; la révocation n'aurait donc pas lieu.

Y aura-t-il encore révocation, si au lieu d'aliéner le donateur a seulement conféré un droit réel, tel qu'un usufruit, une servitude, une hypothèque même sur les biens donnés? Non; ce sont là seulement des charges que le donateur a imposées au donataire, mais il n'y a pas ainsi intention de révoquer. A Rome, l'hypothèque avait d'abord entraîné la révocation, mais Justinien, dans la Nov. 162, chap. I, § 1, décida le contraire, et cette décision fort juste est passée dans notre Code (art. 1020).

III. — Si la révocation a eu lieu, quels en seront les effets? Le donataire sera censé n'avoir acquis aucun droit; il devra donc rendre les biens, mais tels qu'il les a reçus. S'ils sont détériorés par sa faute, il devra réparer ce dommage; mais s'ils sont améliorés par ses soins, il devra lui en être tenu compte. Doit-il aussi rendre les fruits ou intérêts qu'il a perçus? Non certainement, car, puisqu'il avait un droit réel certain, bien que sous condition résolutoire, il a dû et pu les consommer de bonne foi.

Mais si le donataire, à son tour, a aliéné les biens qu'il a reçus, les tiers-acquéreurs devront-ils aussi les rendre au donateur, sauf bien entendu leur recours contre le donataire? Oui, car ils n'ont pu acquérir que les droits mêmes du donataire, c'est-à-dire des droits révocables, et dès lors s'applique pour eux cette maxime : *resoluto jure dantis resolvitur jus accipientis*. Toutefois, s'ils avaient possédé le temps nécessaire pour prescrire, ils n'auraient rien à rendre, car alors leurs droits auraient leur base non dans l'acte d'acquisition, mais dans la prescription.

Cependant, pourquoi, pourrait-on dire, cette révocation nuira-t-elle ainsi aux tiers-acquéreurs, quand, d'après l'art. 958, la révocation pour ingratitude ne peut rien contre les aliénations, les hypothèques ou autres charges conférées par le donataire à des tiers? C'est que ces deux cas sont loin d'être les mêmes. Les tiers, en effet, peuvent et doivent toujours prévoir une révocation qui ne dépend que de la volonté du donateur; ils ne peuvent pas, au contraire, prévoir l'ingratitude, et de plus, dans ce dernier cas, la révocation a lieu à titre de peine, et comme telle, elle ne doit frapper que le coupable. Enfin, que deviendrait le droit de révocation du donateur s'il ne pouvait reprendre les biens donnés des mains des tiers auxquels le donataire insolvable les aurait livrés?

IV. — Indépendamment de ce droit de révocation personnel au donateur, la donation entre époux reste soumise aux autres causes de révocation qui peuvent atteindre les donations entre-vifs ordinaires. Ainsi, sauf l'exception faite par l'art. 1096, pour le cas de survenance d'enfant, qui ne révoquera pas la donation, exception bien naturelle et facile à comprendre, il pourra y avoir révocation pour inexécution des charges ou ingratitude. Si ces deux dernières causes sont sans utilité pour le donateur qui peut révoquer sans donner de motifs, elles seules, au contraire, peuvent servir aux héritiers, qui pourront les invoquer s'ils sont dans le[s] délais voulus (1).

Enfin, n'oublions pas que, d'après l'art. 299, la séparation de corps, comme le divorce autrefois, entraîne la révocation de plein droit de tous les avantages faits à celui contre leque[l] elle est prononcée; le donateur n'a donc pas même besoin d'exprimer sa volonté.

(1) Cass., 22 déc. 1869 (D. P., 70, 1, 292); Poitiers, 28 nov. 1864 (D. P., 65, 2, 161); Rouen, 1863 (D. P., 64, 2, 235).

§ 4. — *De la quotité disponible entre époux.*

Tout en permettant les donations entre époux, la loi n'a pas voulu leur laisser une liberté illimitée ; il ne fallait pas, en effet, qu'un époux pût priver de tous ses biens soit ses enfants, soit ses père et mère, et cela surtout en faveur d'un second conjoint dont il eût subi toute l'influence. La quotité disponible entre époux a été fixée d'une manière spéciale dans les art. 1094 et 1098 ; c'est là une matière des plus importantes, qui exigerait une étude toute particulière, mais comme elle ne rentre pas dans notre sujet, il nous suffira d'en indiquer les règles principales.

1° Si les époux ne laissent ni enfants ni ascendants, c'est-à-dire aucun héritier à réserve, ils pourront se donner tous leurs biens en toute propriété ;

2° S'ils laissent des ascendants et pas d'enfants, ils pourront se donner la moitié ou les trois quarts de leurs biens en toute propriété, suivant qu'il y aura des ascendants dans les deux lignes ou dans l'une seulement, et en plus, l'usufruit de la moitié ou du quart formant la réserve des ascendants ;

3° S'ils laissent des enfants ou descendants communs, alors ils ne peuvent se donner qu'une part fixe, quelque soit le nombre des enfants (art. 1096) ; elle est à leur choix, ou d'un quart en toute propriété et d'un autre quart en usufruit, ou bien de la moitié en usufruit seulement ;

4° Si l'un des époux a des enfants d'un premier lit, il ne pourra donner à son nouvel époux qu'une part égale à celle de l'enfant du premier lit, le moins favorisé, c'est-à-dire le moins prenant, sans que toutefois cette part puisse dépasser le quart des biens.

CHAPITRE III.

Des Donations déguisées.

———

§ 1. — *Sanction des règles de révocabilité et de quotité disponible.*

Il ne suffisait pas au législateur d'avoir établi pour les donations entre époux le principe de la révocabilité et des règles spéciales de quotité disponible, il lui fallait, de plus, donner une sanction à ces dispositions, c'est-à-dire prendre les mesures nécessaires pour atteindre les fraudes possibles, dans le but de rendre irrévocable ce qu'il avait voulu révocable, ou de dépasser les limites par lui fixées. Cette sanction se trouve dans l'art. 1099, ainsi conçu :

« Les époux ne pourront se donner indirectement au-delà » de ce qui leur est permis par les dispositions ci-dessus.

» Toute donation, ou déguisée, ou faite à personnes inter-» posées, sera nulle. »

A la simple lecture de cet article, on voit qu'il contient deux dispositions distinctes : d'après la première, les donations indirectes qui dépasseraient les limites qui iraient « au-delà, » devraient être ramenées à ces limites fixées ; l'excédant étant défendu, doit être annulé, mais lui seul et non la donation. D'après la seconde, au contraire, il s'agirait de la nullité même de la donation tout entière, déguisée ou faite à personnes interposées, sans aucune distinction.

Cette interprétation si simple est loin d'avoir été acceptée par tous les auteurs ; mais avant de voir et de combattre leurs opinions, disons en quoi diffèrent les donations indirectes des donations déguisées, et voyons si la distinction établie entre elles par l'art. 1099 ne réside que dans les mots, et non pas aussi au fond des choses.

Par donation indirecte proprement dite, il faut entendre ici toute libéralité qui ne sera pas revêtue des formes ordinaires des donations, mais dont le véritable caractère se révèlera cependant à tous les yeux. Tels sont les dons manuels, les remises de dettes. Par donation déguisée, au contraire, comme le mot l'indique lui-même, il faut entendre toute donation qui se dissimulera, se cachera sous l'apparence d'un contrat quelconque, de telle sorte que quiconque verra ce contrat le prendra pour ce qu'il est à l'extérieur, sans pouvoir soupçonner qu'il n'est pas sérieux. Telle peut être la reconnaissance d'une dette, alors qu'il n'est rien dû ; tel serait, s'il était permis, le contrat de vente qui contiendrait la quittance du prix alors qu'il n'aurait pas été payé. Il en est de même des donations à personnes interposées, c'est-à-dire à personnes chargées secrètement de remettre la libéralité quelles reçoivent à celui que le donateur veut réellement gratifier, et on peut également les appeler donations déguisées.

Ces deux sortes de donations, indirectes et déguisées, sont-elles donc semblables ? Certainement non ; s'il suffisait de défendre et ainsi d'annuler tout ce qui excéderait la quotité disponible dans les donations indirectes, puisqu'elles montrent leur véritable caractère aussi ouvertement que les donations faites dans les formes voulues, il ne pouvait en être de même pour les secondes. Pourquoi ce déguisement, en effet ? N'est-il pas essentiellement propre à favoriser les fraudes aux dispositions légales, à donner l'irrévocabilité à ces libéralités déguisées, aussi bien qu'à permettre de dépasser les limites de la quotité disponible, fraudes dont le succès est certain si toujours l'on ignore ce déguisement? Il devait donc être atteint sévèrement, et c'est ce que la loi a voulu en frappant de telles donations d'une nullité absolue.

Non, nous dit une première opinion (1), tel n'est pas le sens exact de l'art. 1099, ou du moins de son second alinéa; la nullité qu'il prononce ne doit s'appliquer qu'à ce qui excédera la quotité disponible. Mais alors, si une donation déguisée ne dépasse pas cette quotité, elle sera donc valable? — Décider ainsi, c'est vouloir se mettre en contradiction directe avec ces termes si simples : « toute donation déguisée est nulle. » Et, de plus, ne rendre ces donations déguisées que réductibles à la quotité disponible, c'est les assimiler aux donations indirectes, qui, elles aussi, ne sont que réductibles. Alors, à quoi bon deux alinéas distincts dans l'art. 1099, et par quelle étrange bizarrerie le législateur, pour exprimer la même idée, se serait-il servi de termes aussi différents, aussi disparates? C'est inadmissible.

Une deuxième opinion, enseignée par M. Troplong (*Donat.*, n° 2,744), ne voulant pas se heurter aussi directement contre les termes du second alinéa et voulant lui donner un sens différent du premier, admet bien que la donation déguisée sera nulle, mais seulement si en fait elle dépasse la quotité disponible; « car c'est seulement alors que le déguisement prend la couleur d'un piége et devient un embarras (2). » Mais quelles graves conséquences pourra donc avoir un

(1) MM. Coin-Delisle (art. 1099, n°⁵ 13 et s.); Duranton (IX, n° 831) Grenier (IV, n° 691); Lyon, 18 novembre 1862 (J. du P., 63, 524).

(2) En ce sens : Grenoble, 21 mars 1870 (D. P., 70, 2, 190); Montpellier, 4 décembre 1867 (J. du P., 68, 992); Orléans, 10 février 1865 (D. P., 65, 2, 64); Cass., 2 mai 1855 (D. P., 55, 1, 193); Toulouse, 26 février 1861 (D. P., 61, 2, 58).

simple fait souvent accidentel? Telle donation qui sera faite dans les limites de la quotité et alors devrait être valable va, au contraire, être entièrement annulée si, au décès, elle dépasse cette même quotité , ne fût-ce que de quelques francs. Mais ce serait illogique ; car pourquoi les motifs qui font maintenir la donation dans le premier cas ne la maintiendraient-ils pas dans le second, sauf seulement à annuler l'excédant? Une telle distinction, qui emporte des conséquences aussi importantes et si opposées, pour être admise, devrait avoir une autre base qu'un simple accident de chiffres souvent indépendant de la volonté des parties (1).

Pour échapper à ce défaut de logique et au reproche de base sérieuse, MM. Aubry et Rau (3ᵉ édit., V, p. 624 et s., notes 24 et 25) admettent une troisième opinion qui, cependant, arrive à peu près au même résultat, mais par une autre voie. Les époux ont-ils eu en vue d'excéder la quotité disponible? Alors cette donation sera nulle, lors même que, au décès, elle ne la dépasserait pas ; cette intention frauduleuse exige une répression sévère ; la donation déguisée faite sans cette intention sera, au contraire , valable ; toutefois, le fait qu'elle excédera la quotité disponible fera supposer l'intention frauduleuse. — Cette distinction, établie par ces savants auteurs, repose certainement sur une base fort juste en morale ; mais cette base est-elle également juste au point de vue de la loi? Le texte de l'art. 1099 établit-il, même implicitement, cette distinction?

(1) C'est un point qu'a su faire ressortir l'arrêt de Lyon, 18 novembre 1862, cité p. 107, note 1 :

« Considérant que le système admis par les premiers juges (celui de M. Troplong) et qui fait dépendre d'une éventualité, d'un résultat de compte, d'un calcul, la validité ou la nullité d'un avantage stipulé au profit d'un époux, n'est fondé ni en droit ni en équité. »

Il suffit de le lire, pour voir qu'il ne dit rien de semblable ; pourquoi donc distinguer là où la loi n'a pas distingué ?

Enfin, cette troisième opinion encourt un reproche qu'il faut également adresser aux autres opinions : c'est de ne voir que l'un des buts de la sanction du second alinéa de l'art. 1099, celui de réprimer les fraudes contre les règles de quotité disponible, et d'oublier peut-être le plus important, celui qui consiste à assurer, contre les manœuvres des époux, le principe essentiel de la révocabilité (1). Comme nous l'avons dit, le législateur ne pouvait oublier qu'il se devait à lui-même de sanctionner ce principe rejeté par les coutumes et d'atteindre sévèrement toutes les fraudes faites dans le but de le violer. Donc, il faut lire et interpréter cet art. 1099 tel que le fait M. Demolombe (*Donat.*, VI, nº 614), et on ne doit pas hésiter à déclarer que quelle qu'ait été l'intention des époux en déguisant les donations qu'ils peuvent se faire, cette donation déguisée sera toujours nulle, tandis que la donation simplement indirecte ne sera que réductible (2).

(1) De là, M. Dalloz (note 1 sur arrêt de Cass., 2 mai 1855, D. P., 55, 1, 193) semblerait proposer que, dès que le principe de révocabilité ne serait pas en jeu, par exemple dans les donations par contrat de mariage, on ne devrait pas appliquer la nullité de l'art. 1099.

(2) Dans le sens de la nullité, MM. Aubry et Rau (sur Zach., 2ᵉ édit., V. p. 207, note 10) ; Marcadé (1099, I) ; Toullier (V, nº 901) : Demolombe (*Donat.*, VI, nº 614) ; Paris, 24 avril 1869 (D. P., 70, 2, 221) ; Grenoble, 19 mars 1869 (J. du P., 69, 584) ; Dijon, 10 avril 1867 (J. du P., 68, 95) et 7 mars 1866 (D. P., 66, 2, 91) ; Orléans, 21 juillet 1865 (J. du P., 66, 91) et 23 février 1861 (D. P., 61, 2, 84) ; Grenoble, 29 novembre 1862 (J. du P., 63, 524) ; Cass., 11 mars 1862 (D. P., 62, 1, 277) ; Cass., 16 avril 1850 (D. P., 50, 1, 152) : « Attendu, dit ce dernier arrêt, que la condition de révocabilité attachée à ces sortes de donations est une disposition d'ordre public, et qu'il suit de là que tout acte qui tend à les rendre irrévocables doit être déclaré nul. »

§ 2. — *Qui peut invoquer la sanction de l'art. 1099?*

D'après les explications précédentes, on comprend que pour savoir quelle personne pourra attaquer une donation indirecte ou déguisée, il faut nécessairement distinguer entre les deux actions qui peuvent être mises en mouvement, l'action en réduction et l'action en nullité. L'action en réduction, dont le but est de ramener à la quotité fixée par la loi la donation indirecte qui la dépasse, ne doit être donnée qu'à ceux en faveur desquels cette quotité a été fixée, c'est-à-dire qu'à ceux qui ont droit à une réserve. Ainsi, les héritiers réservataires seuls pourront se prévaloir du premier alinéa de l'art. 1099 et demander cette réduction.

Il en sera autrement de l'action en nullité, du moins dans notre système, dont un des buts est de sanctionner un principe regardé d'ordre public, la révocabilité des donations entre époux. Toute personne intéressée à cette nullité aura le droit de l'invoquer, aussi bien les héritiers réservataires que non réservataires. Le donateur lui-même le pourra, et cela n'a rien qui puisse surprendre ; si, en effet, le conjoint nie le déguisement, alors il n'aura d'autre moyen, pour exercer son droit de révocation, que de prouver d'abord que le contrat, onéreux en apparence, n'est au fond qu'une libéralité déguisée. Il faut même décider que les créanciers du donateur, antérieurs ou postérieurs à la donation, auront le droit, selon l'art. 1166, de se prévaloir de cette nullité.

§ 3. — *Des présomptions légales d'interposition de personnes.*

C'est à celui qui veut invoquer l'action en nullité de l'art. 1099 à prouver le déguisement de la donation ou l'interposition de personnes; c'est là une preuve peu aisée et toujours difficile, car lorsqu'on se cache, on prend toutes ses précautions pour ne pas se trahir. Aussi notre Code a-t-il cru nécessaire de venir au secours des intéressés dans des cas où la fraude eût presque toujours existé, et d'établir, à l'exemple du droit romain et de l'ancien droit, certaines présomptions légales d'interposition de personnes.

« Seront réputées faites à personnes interposées, dit
» l'art. 1100, les donations de l'un des époux aux enfants
» ou à l'un des enfants de l'autre époux issus d'un autre
» mariage, et celles faites par le donateur aux parents dont
» l'autre époux sera héritier présomptif au jour de la do-
» nation, encore que ce dernier n'ait point survécu à son
» parent donataire. »

Cet article ne demande ici aucune explication, sa rédaction est claire et facile à saisir. Disons seulement qu'il suffit de prouver que l'une de ces personnes a reçu d'un époux une donation, pour la faire tomber immédiatement sans que l'on ait égard à la preuve offerte de non interposition.

CHAPITRE IV.

Des Contrats à titre onéreux.

Avant de passer à l'examen des divers contrats à titre onéreux, rappelons ici la règle générale que nous avons établie au début. Tout contrat, avons-nous dit avec M. Demolombe, doit être permis entre époux quand il ne sera pas contraire aux dispositions prohibitives de la loi. Deux de ces dispositions prohibitives ont été déjà examinées, l'une concernant les modifications des conventions matrimoniales, l'autre les donations déguisées; nous allons en voir une troisième, qui concernera la vente. Pour préciser davantage notre règle générale, nous pouvons donc dire : tout contrat qui ne contiendra ni une modification aux conventions matrimoniales, ni une donation, ni une vente, sera permis entre époux. C'est à l'application de cette règle que nous passerons aussitôt après avoir étudié le contrat de vente régi par un texte spécial, l'art. 1595.

SECTION I.

DE LA VENTE.

§ 1er. — *Règle générale.* — *De ses exceptions.*

I. — La règle générale est posée par l'art. 1595 en ces termes : « Le contrat de vente ne peut avoir lieu entre époux. » D'où vient cette incapacité édictée contre les époux ? Quels peuvent être les motifs d'une telle exception au droit commun ? « Entre personnes si intimement unies, disait Portalis dans l'exposé des motifs, il serait bien à craindre que la vente ne masquât presque toujours une donation » (Fenet, XIV, p. 115). C'eût été, en effet, laisser aux époux un moyen bien facile d'assurer à ces libéralités déguisées l'irrévocabilité que leur enlève l'art. 1096, et de dépasser la quotité disponible des art. 1094 et 1098. De plus, ce contrat eût été éminemment propre à faciliter les fraudes au préjudice des créanciers des époux, en faisant passer la fortune de celui qui aurait des dettes dans les mains de celui qui n'en aurait pas.

Par cette règle prohibitive, notre Code s'est écarté des lois romaines, qui permettaient ce contrat s'il était sincère, et s'est rapproché des coutumes de l'ancien droit, dont plusieurs défendaient même tout contrat entre époux. La prohibition de cet art. 1595 est rigoureuse, car elle ne permet même pas, sauf dans trois cas, une vente dont les époux pourraient même prouver la sincérité. Et ce n'est pas seulement la vente qui leur est défendue, c'est aussi la dation ou cession en paiement, comme le prouvent les exceptions faites par cet article, qui toutes visent des aliénations faites comme moyen de libération d'une dette antérieure. Ces deux sortes de conventions, malgré certaines différences, ont en effet entre elles une grande analogie. Ainsi, vous, mon débiteur, vous me vendez, à moi votre créancier, un immeuble ; après la vente, nous convenons que votre dette s'éteindra à concurrence du prix que je vous dois ; il y a là vente pure et simple, bien que suivie de compensation. Ou bien ne pouvant me payer, vous me proposez, au lieu et place de la somme due, un de vos biens, et j'accepte ; il y a alors non pas vente, mais dation, cession en paiement. Ce sont ces deux opérations presque identiques qui tombent sous le coup de la prohibition de l'art. 1595.

II. — Il y a cependant trois exceptions apportées à la règle générale ; étudions-les successivement.

1° — La vente est permise, dit le 1er §, dans le cas « où l'un » des époux cède des biens à l'autre, séparé judiciairement » d'avec lui, en paiement de ses droits. » Ainsi, la cession n'est permise ici qu'après une séparation judiciaire ; mais, quel qu'ait été le régime précédent des époux, elle peut avoir lieu entre eux, quand elle aura pour but d'éteindre la dette dont l'un des époux se trouvera tenu envers l'autre par suite de la liquidation intervenue après le jugement. C'est là une exception fort naturelle, qui se comprend facilement.

2° — Le deuxième cas où la vente sera permise est « celui
» où la cession que le mari fait à sa femme, même non sé-
» parée, a une cause légitime, telle que le remploi de ses
» immeubles aliénés ou de deniers à elle appartenant, si
» ces immeubles ou deniers ne tombent pas en communauté. »
Cette exception demande quelques explications.

Et d'abord, remarquons qu'ici la cession n'est autorisée
que du mari à la femme et non de la femme au mari; pourquoi la réciprocité n'est-elle pas admise comme dans le
premier cas? La seule raison que l'on puisse en donner, c'est
que sans doute le législateur aura craint de voir la femme
céder des biens d'une valeur bien supérieure à sa dette, victime ainsi de l'influence ou de l'abus d'autorité de son mari,
influence qui n'est pas à redouter dans le 1er § s'appliquant
après une séparation judiciaire, ni dans 3° qui vise une hypothèse toute spéciale, paiement de dot promise quand il
y a exclusion de communauté.

Maintenant, à quelles conditions le mari pourra-t-il céder
à sa femme? La loi semble n'en exiger qu'une seule : une
cause légitime ; cependant il ne suffirait pas d'une cause légitime quelconque; autrement, en effet, la loi elle-même n'eût
pas pris le soin d'indiquer par des exemples ce qu'elle enten-
dait. Elle dit : « une cause légitime telle que le remploi, etc., »
ces mots *telle que*, on le voit, indiquent clairement sa
pensée; le remploi dont elle parle n'est qu'un exemple, mais
un exemple qui doit servir à bien faire connaître quand
une cause pourra être dite légitime. Quel est donc cet
exemple? La loi suppose que des immeubles ou deniers appartenant à la femme ne tombant pas en communauté, c'est-
à-dire des propres de la femme, ont été aliénés; le mari qui
a pu garder le prix de cette aliénation se trouve ainsi débiteur envers sa femme, sa dette est liquide et exigible, et

alors, au lieu de verser à sa femme le prix qu'il a pu employer, le mari pourra lui céder en paiement un de ses biens.

Tel est l'exemple de la loi qui nous indique ainsi l'exigibilité comme seconde condition de la cause de la cession. Et ce qui le prouverait encore, s'il le fallait, ce sont ces paroles prononcées par Grenier, orateur du Tribunat, pour justifier les trois exceptions elles-mêmes de notre article. « Pourquoi dans ces trois cas, disait-il, aurait-on interdit une vente entre époux? *Comme les créances sont légitimes et exigibles*, il serait injuste d'empêcher une libération par la voie de la vente. » (Fenet, XIV, p. 191.) Toute créance qui ne serait pas légitime et exigible ne pourrait donc pas donner lieu à une cession valable. Aussi, peut-on dire avec M. Troplong (*Vente,* I, n° 180) que la nullité a été, avec raison, déclarée contre une vente faite par un mari à sa femme pour la payer de sa dot, alors qu'il n'y avait pas eu de jugement de séparation; la dot, en effet, n'est exigible qu'après ce jugement ou à la dissolution du mariage (1).

Remarquons, en passant, que le remploi dont il s'agit ici dans le 2° de 1595 est entièrement différent du remploi dont il est parlé à l'art. 1435. Ici, en effet, il y a cession par le mari à sa femme d'un bien à lui appartenant; cette cession est un contrat translatif de propriété qui produit tous ses effets du jour où il a lieu. Dans le cas de l'art. 1435, au contraire, l'opération n'est pas la même, elle est double pour ainsi dire; le mari acquiert un immeuble d'un tiers avec déclaration que l'acquisition est faite avec les deniers de la femme et pour lui tenir lieu de remploi, puis le mari

(1) Grenoble, 24 janv. 1826 (D. P., 26, 2, 155); dans le même sens, Grenoble, 24 mai 1867 (J. du P., 68, 464): Cass., 28 nov. 1855 (D. P , 56, 1, 319); Bourges, 14 mars 53 (D. P., 55, 2, 7); Caen, 4 janv. 1851 (D. P , 54, 2, 49). — *Contrà*, Poitiers, 11 août 1863 (D. P., 65, 2, 103).

offre cette acquisition à sa femme et lui demande si elle veut l'accepter. Si elle accepte, alors elle acquiert cet immeuble non pas de son mari, mais du tiers lui-même ; le mari n'a joué que le rôle d'un mandataire ou gérant d'affaires, et non celui de vendeur. Autre différence avec le premier cas, c'est que cette acceptation de la femme, selon l'opinion générale, a un effet rétroactif qui remonte au jour de l'acquisition par le mari au nom de sa femme, et dans le cas de l'art. 1595-2°, il ne peut être question d'effet rétroactif.

Revenons maintenant à l'exception du 2° de l'art. 1595, le mari pourra céder valablement à sa femme un de ses biens pour se libérer d'une dette légitime et exigible. Pourrait-il lui céder également un bien de la communauté ? Certainement, « car si le mari qui n'est que débiteur subsidiaire envers sa femme peut lui donner un de ses biens propres en paiement, à plus forte raison doit-il pouvoir lui donner un immeuble appartenant au fonds commun, puisque c'est ce fonds qui est principalement débiteur envers la femme dont l'immeuble a été aliéné » (MM. Rodière et Pont, I, n° 514) (1).

Enfin, cette cession pourra avoir lieu, quelque soit le régime matrimonial des époux. Et en effet, si l'exemple d'une cause légitime est pris dans le régime de communauté, ce n'est cependant qu'un exemple qui n'a rien d'exclusif ; et ces mots « même non séparée » signifient seulement ceci : peu importe que les époux soient ou non séparés, peu importe le régime sous lequel ils se trouvent. Et il a donc été jugé avec raison que la cession faite par le mari à sa femme, pour la payer de ses paraphernaux par lui aliénés, était valable (Bordeaux, 1er déc. 1829, D. P., 33, 2, 140).

(1) *Et* Nancy, 5 nov. 1868 (J. du P., 69, 233).

3° — La troisième exception est relative au cas « où la » femme cède des biens à son mari en paiement d'une » somme qu'elle lui aurait promise en dot, et lorsqu'il y a » exclusion de communauté. » Il s'agit donc ici d'une hypothèse toute spéciale et où la cession ne peut avoir lieu que de la femme au mari, puisqu'il s'agit de paiement de dot. Il faut ainsi supposer qu'une femme a promis en dot à son mari une certaine somme ; mais, ne pouvant s'acquitter, elle cède à son mari un de ses biens au lieu et place de cette somme. Tel est le cas spécialement prévu par le 3° de l'art. 1595, cas évidemment favorable à la cession.

Mais d'où vient que cette cession si légitime ne soit admise qu'en dehors du régime de communauté ? C'est que, si la dot promise consistait en une créance sur un tiers qui deviendrait plus tard insolvable, la perte, alors sous le régime de communauté, serait commune, car la dot est bien commune. Si donc la femme pouvait remplacer cette créance irréalisable par un de ses biens propres, c'est elle seule qui supporterait la perte de la créance ; la communauté, et de là le mari, s'enrichirait aux dépens de la femme, de ce propre devenu commun ; cette cession en paiement se transformerait ainsi en une véritable donation. Sous un régime autre que la communauté, il en est tout autrement ; c'est qu'en effet le bien apporté en dot par la femme lui reste propre ; dès lors, le mari rendra plus tard à la femme aussi bien l'immeuble reçu en paiement qu'il eût rendu la créance elle-même.

Cette cession par la femme peut-elle avoir lieu sous tout régime quel qu'il soit, autre que la communauté? Certains auteurs ont soutenu qu'elle ne peut avoir lieu que sous le régime dotal et qu'autant qu'il y a des paraphernaux. La femme ne peut céder, a-t-on dit, que des biens à elle propres, dont la jouissance n'appartient pas au mari, puisqu'il s'agit de substituer une jouissance à une autre ; or, cela ne peut se présenter que sous le régime dotal et à la condition qu'il y ait des biens paraphernaux, car seuls ces biens échappent à la jouissance du mari ; donc, sous tout autre régime, la cession n'est pas possible. Ce n'est là, croyons-nous, qu'un raisonnement spécieux et qui pèche par la base ; il suppose, en effet, qu'il ne s'agit que de la jouissance de la dot pour le mari, mais c'est oublier que souvent il peut en être autrement. Puisque la dot promise est une somme d'argent, le mari avait le droit, pour jouir de cette somme, d'en disposer à son gré afin de la faire fructifier le plus possible, et s'il est commerçant, de la convertir en marchandises ; or, si à la place de cette somme dont il eût disposé, on ne lui donne que la jouissance d'un immeuble, mais l'engagement n'est pas rempli tel qu'il devait l'être. Pour donner au mari ce sur quoi il pouvait légitimement compter, il faut donc, si la femme lui cède un de ses biens, qu'il ait le droit de le vendre si bon lui semble, pour disposer de son prix comme il eût fait de la somme promise. Et ce qui prouve bien qu'il ne s'agit pas ici seulement de la jouissance, mais de la propriété du bien cédé, c'est que cette cession est permise comme exception, à quoi? mais à une règle générale prohibitive de vente, c'est-à-dire à une règle défendant la translation de propriété ; or, une exception ne peut avoir que les caractères de la règle. Donc on voit par là qu'il ne faut pas restreindre ainsi l'étendue du 3° de l'art. 1595 et que la cession en paiement d'une somme promise en dot est permise aussi bien sous les régimes sans communauté, de séparation de biens que sous le régime dotal.

Telles sont les trois exceptions faites à la prohibition générale des ventes entre époux ; toutes les trois, comme on a pu le voir, ont pour caractère commun d'être un moyen de libération d'une dette légitime, dont se trouvait tenu l'un des époux envers l'autre. Il était, en effet, fort naturel de permettre dans ces cas cette cession, plutôt que de forcer l'époux débiteur à vendre un de ses biens, peut-être dans de mauvaises conditions, pour en verser aussitôt le prix à l'autre époux, son créancier. C'est ce que disait, d'ailleurs, Grenier lui-même par ces paroles : « Il serait dur pour des époux d'être forcés de vendre leurs biens à des étrangers, pour se faire respectivement raison de leurs droits, et de se priver de la douceur de les conserver pour eux et pour leurs enfants, quelque soit celui d'eux sur lequel la propriété réside » (Fenet, XIV, p. 191).

Mais si ces motifs si plausibles s'appliquaient à d'autres cas que ceux prévus par l'art. 1595, faudrait-il permettre la cession ? Ainsi, au cas où la femme serait débitrice de son mari pour causes antérieures au mariage ? Évidemment, c'est là un des cas les plus favorables et où la dation en paiement présentera tous les caractères voulus de sincérité et d'utilité. Aussi, en vue de cette hypothèse, un membre du Conseil d'État avait proposé une modification du projet de loi en ce sens et la rédaction du 1° de notre article en ces termes : « Celui où l'un des époux cède à l'autre des biens en paiement de ses droits » (Fenet, XIV, p. 22, 23). Mais on ne sait comment cette modification fut écartée et le texte primitif maintenu. Aussi faut-il, quoique à regret, appliquer le texte de la loi tel qu'il est, et interdire la vente ou cession entre époux, même dans ce cas, qui semble si équitable.

III. — Que décider de la validité d'une cession faite, il est vrai, dans un des cas où elle est permise, mais d'un bien d'une valeur certainement supérieure à la somme due ? Cette opération, en fait, est à double face; d'un côté il y a cession sérieuse à concurrence du chiffre de la dette, et de l'autre il y a donation pour ce qui excède ce chiffre. Si la cession peut et doit être maintenue, il ne peut en être toujours de même de la donation. C'est bien là une libéralité indirecte et qui, dès lors, doit tomber sous l'application du premier alinéa de l'art. 1099, c'est-à-dire que cette donation ne sera maintenue que dans les limites de la quotité disponible et sera réduite si elle les dépasse. Tel est le véritable sens du dernier alinéa de l'art. 1595, ainsi conçu : « Sauf, dans » ces trois cas, les droits des héritiers des parties contrac- » tantes, s'il y a avantage indirect. » Les héritiers réserva- taires seuls donc auront le droit de demander la réduction de ces avantages indirects qui entameraient leur réserve (1).

Si les époux avaient, au contraire, mis en avant, pour valider la cession, de prétendues créances qui n'existeraient pas, il n'y aurait plus donation indirecte, mais bien donation déguisée, puisque l'opération aurait les dehors d'un contrat à titre onéreux sérieux. La nullité de l'art. 1099 devrait donc s'appliquer dans ce cas.

§ 2. — *Sanction de la règle prohibitive des ventes entre époux.*

Quel sera le sort d'une vente intervenue entre des époux en dehors des trois cas où elle est exceptionnellement per- mise par l'art. 1595? C'est une question qui est loin d'obtenir la même solution de tous les auteurs.

Toullier (XII, n° 41) applique ici son système sur les mo- difications aux conventions matrimoniales; c'est-à-dire que

---

(1) En ce sens, Cass., 11 mai 1868 (D. P., 68, 1, 456).

pour lui, la vente, comme ces modifications, est toujours présumée cacher une donation, et dès lors, elle doit avoir les effets des donations déguisées, et ainsi elle ne sera pas nulle, mais révocable et réductible. Mais comment admettre cette présomption de donation, si les parties ont voulu et ont fait une opération sérieuse. Et quel est donc le texte qui déclare ces ventes révocables?

MM. Troplong (I, n° 185) et Duvergier (I, n° 183) font une distinction. Les époux ont-ils voulu faire une vente sérieuse, elle sera nulle, car l'art. 1595 contient une défense expresse ; ont-ils voulu ne faire qu'une donation déguisée, alors elle vaudra « dans les limites et avec les conditions assignées par l'art. 1096, » c'est-à-dire elle sera révocable et réductible, et non pas nulle. De même, MM. Aubry et Rau, distinguent s'il y a eu ou non intention de donner.

Pour nous, qui avons admis la nullité des donations déguisées, il ne peut y avoir de doute ; y a-t-il eu vente sérieuse, elle sera nulle ; ainsi le veut l'art. 1595, dont la défense est bien formelle : « Le contrat de vente ne peut avoir lieu entre époux. » N'y a-t-il dans la vente qu'une donation déguisée, elle sera nulle, selon l'art. 1099. Mais une autre raison milite encore en la faveur de cette nullité dans ce dernier cas, et c'est cette raison qui l'a fait adopter par MM. Aubry et Rau eux-mêmes, dans leur quatrième édition, toute récente (IV, § 351, note 32). Si, en effet, on veut admettre la validité des donations déguisées sous un contrat quelconque, au moins faut-il que ces donations, qui ne peuvent valoir, comme ayant la forme des donations, soient revêtues d'une forme valable. Or, est-ce là ce qui a lieu ici? Mais non ; la vente étant interdite entre époux, cette forme nulle ne peut servir à valider une donation. « En deux mots, dit Marcadé, l'acte ne peut pas valoir comme ayant la forme d'une donation, puisqu'il ne l'a pas ; il ne peut pas valoir non plus comme ayant la forme d'une vente, puisque la vente est interdite aux parties » (Art. 1595, IV) (1).

SECTION II.

DE L'ÉCHANGE.

Ce contrat doit-il être permis entre époux ? Cette question est grave et méritait bien l'attention du législateur, qui cependant l'a laissé passer inaperçue. L'échange lui semblait offrir tant d'analogie avec la vente, qu'il a pensé qu'un renvoi général aux articles de ce contrat suffisait et lui épargnait des redites. Cinq articles seulement disent quelques mots de l'échange, et le sixième et dernier (art. 1707) déclare que « toutes les autres règles prescrites pour le contrat de » vente s'appliquent d'ailleurs à l'échange. »

Ce dernier article, on le voit tout de suite, doit servir d'appui et de fondement principal en faveur de la négative sur notre question. Puisque l'échange, peut-on dire, offre de grandes analogies avec la vente, que de plus l'art. 1707 contient un renvoi formel à « toutes les autres règles de la vente, » donc l'échange comme la vente doit être défendu entre époux. On ne peut nier la force de cet argument, et il semble difficile de le réfuter ; cependant l'affirmative me paraît avoir aussi en sa faveur des raisons fort sérieuses que je développerai après avoir essayé de répondre à l'art. 1707.

Le renvoi de cet article à toutes les règles de la vente semble certainement comprendre l'art. 1595 lui-même ; mais remarquons que ce renvoi est beaucoup trop général et que

_____

(1) MM. Duranton (XVI, n° 153) ; Dalloz (v° Vente, n° 439) ; Demolombe (*du Mariage*, II, n° 242) ; voir arrêts cités, p. 114.

toutes les règles de la vente sont loin de s'appliquer à l'échange. Dans ce contrat, en effet, il n'y a pas un vendeur et un acheteur ; il y a deux parties dans une égale position ; de là, les art. 1593, 1602, 1619, etc., lui sont inapplicables. Il en est de même des art. 1596 et 1597, qui cependant, comme l'art. 1595, édictent certaines incapacités, car ces deux articles visent une vente par adjudication ou une cession de droits litigieux. Et l'art. 1595 est-il en entier applicable à l'échange ? Non, au moins en ce qui concerne la première et la troisième exception, dont le but est l'extinction d'une dette, but impossible pour l'échange. La deuxième exception seule serait susceptible de s'y appliquer (1). Il résulte donc de tout ceci qu'il faut restreindre le renvoi de l'art. 1707.

Mais si l'art. 1595 ne peut s'appliquer en entier à l'échange, rien n'empêche que la règle générale qu'il édicte ne le puisse. — Pour répondre, je dirai d'abord que les incapacités sont de droit étroit et qu'on ne peut les étendre sans un texte fort précis, et que l'art. 1707, qui est ce texte, est loin d'être précis, puisque, bien qu'il déclare *toutes* les règles de la vente applicables à l'échange, *toutes* les règles cependant ne s'y appliquent point. De plus, j'invoquerai l'esprit qui a dicté l'art. 1595. La vente a été défendue entre époux, parce qu'elle est extrêmement propre à dissimuler une donation. Le vendeur, en effet, aura bien remis l'objet vendu à l'acheteur, il est facile de le constater ; mais qui peut dire que l'acheteur aura remis son prix au vendeur, ou si celui-ci l'a reçu, qu'il ne l'ait ensuite rendu ? La donation,

---

(1) Un arrêt de Limoges, 30 déc. 1861 (D. P., 62, 2, 201), en a fait l'application, en combinant les art. 1595, 1707 et 1559. M. Dalloz, note 1 sur cet arrêt, est d'avis contraire.

en fait, ne consistera donc souvent que dans l'inexistence du prix. Or, dans l'échange, y a-t-il un prix? Mais non; il y a, de chaque côté, un bien matériel autre qu'une somme d'argent, qui ne peut disparaître comme elle, surtout s'il s'agit d'immeubles. L'échange semble donc se prêter difficilement à déguiser une donation, plus difficilement que le contrat de louage, de prêt, que nous allons cependant voir permis entre époux. Et s'il en est ainsi, on voit que les motifs qui ont dicté la prohibition de la vente entre époux n'existent pas pour l'échange.

Dans l'art. 1559, on trouve aussi la preuve que l'échange a paru aux yeux du législateur un contrat offrant des garanties plus sérieuses de sincérité que la vente, puisqu'il permet l'échange du bien dotal, alors qu'il défend la vente du même bien. Et de ce texte, je puis tirer un argument en faveur de la liberté de l'échange entre époux. En effet, il permet l'échange du fonds dotal sous quatre conditions, mais c'est tout; quand ces conditions seront remplies, le contrat sera possible avec quelque personne que ce soit; or, la loi ne distingue pas; donc, il doit pouvoir être permis avec le mari lui-même (1).

Donc, si l'on reconnaît que le renvoi de l'art. 1707 n'est pas aussi absolu qu'il le paraît; que les incapacités étant de droit étroit, doivent être strictement renfermées dans les termes qui les contiennent; que de plus, les motifs de prohibition de la vente sont loin d'exister pour l'échange; qu'enfin, l'art. 1559, par son silence, permet ce contrat même avec le mari, il pourra sembler difficile dès lors d'interdire rigoureusement entre époux un contrat tel que l'échange, dont l'utilité évidente le plus souvent ne saurait être contestée.

(1) Et c'est ainsi que l'a décidé l'arrêt de Limoges, 30 déc. 1861, cité p. 123.

SECTION III.

Des Sociétés.

Des époux peuvent-ils contracter entre eux une société civile ou commerciale? Au premier abord, ne pourrait-on pas dire, à quoi bon une société entre époux? N'ont-ils pas déjà, par leur mariage, mis leurs biens en commun, ou tout au moins ne les ont-ils pas soumis à une association spéciale selon leur contrat de mariage? Cependant, en réalité et au fond des choses, une société semblerait pouvoir se former même entre époux, si cette société nouvelle n'avait pas les mêmes règles, ne comprenait pas les mêmes biens que l'association conjugale. Alors pourra-t-elle se former?

Puisqu'aucun article du Code ne tranche cette question d'une façon précise, catégorique, il faut se reporter à la règle générale sur les contrats entre époux et voir si la société ne constitue ni une modification aux conventions matrimoniales, ni une donation, ni une vente. Si les art. 1096 et 1595 semblent ne pas s'opposer à la formation de ce contrat entre époux, il n'en est pas de même, nous le verrons, de l'art. 1395. Du reste, comme les sociétés sont multiples, ainsi que les régimes matrimoniaux, il vaut mieux, pour ne laisser de côté aucune hypothèse, les passer en revue successivement, pour donner ensuite une réponse générale.

I. — Si les époux sont mariés sous le régime de communauté, on reconnaît généralement qu'ils ne peuvent former aucune société entre eux. Sans parler même de l'obstacle que présente à ce contrat l'art. 1395, disons seulement qu'il est un droit accordé à la femme sous ce régime, qui s'y oppose absolument. D'après l'art. 1453, la femme ou ses héritiers ont le droit à la dissolution de la communauté, de l'accepter

ou de la répudier, et « toute convention contraire est nulle. »
Or, permettre la société entre époux, c'est priver indirectement, mais certainement, la femme de ce droit ; comme
associée, en effet, la femme serait tenue des dettes de la
société sans pouvoir renoncer même à sa part d'actif pour
ne pas supporter l'équivalent en passif. Ainsi serait violée la
loi qui a voulu mettre la femme à l'abri de la mauvaise administration du mari et lui assurer, si elle le veut, la conservation de ses propres. Donc, sous le régime de communauté,
pas de société possible entre époux, même de société en nom
collectif (1).

II. — Il en est encore ainsi sous le régime sans communauté. En effet, selon l'art. 1530, les revenus de la femme
sous ce régime doivent servir au mari pour les charges
du ménage ; mettre en société les biens de la femme,
ce serait donc détourner leurs revenus du but que la loi s'est
proposé, du but que les époux ont voulu atteindre en adop-
tant ce régime. Et d'ailleurs les biens qui ont été estimés
(art. 1531) n'appartiennent-ils pas au mari qui n'a d'autre
obligation que de les rendre eux ou leur valeur ? Donc les
mettre en société, ce serait les enlever au mari, ce serait modifier les conventions matrimoniales (art. 1395) ; donc pas
de société possible encore sous ce régime.

III. — Sous le régime dotal pur, sans paraphernaux, il
en est évidemment de même, puisque les biens dotaux ne
peuvent être aliénés. S'il y a des paraphernaux, ces biens
pourront-ils être mis en société ? La femme a sur ces biens
les mêmes droits que sous le régime de séparation de biens ;

(1) Cass., 9 août 1851 (D. P., 52, 1, 160). — Paris, 14 avril 1856 (D. P.,
56, 2, 231). — *Contra*, Amiens, 3 avril 1851 (D. P., 51, 2, 221), cassé par
l'arrêt de Cass. du 9 août 1851 ; aussi Bruxelles, trib. de com., 14 mars
1853 (D. P., 54, 3, 8).

or, nous allons voir que même sous ce dernier régime, il faut refuser aux époux le droit de former société entre eux.

IV. — Nous sommes ainsi arrivés au régime de séparation de biens, le seul qui fasse réellement difficulté et au sujet duquel, en effet, se sont produites bien des opinions diverses.

M. Duranton permet aux époux de former une société même universelle, « car, dit cet auteur, ils n'altéreraient en rien par là leurs conventions matrimoniales » (XVII, n° 347, note 1). Cette opinion est restée isolée, et il ne pouvait en être autrement ; comment pouvoir soutenir que rendre communs des biens que le contrat de mariage a voulu être séparés n'est pas altérer ce contrat ? « Il me semble, dit M. Duvergier, qu'il n'y a pas de moyen plus absolu, plus radical d'altérer les conventions matrimoniales établissant la séparation de biens que de mettre les biens en société » (Soc., n° 102). — « Substituer à la séparation l'association universelle, c'est évidemment défaire son propre ouvrage ; c'est mettre une combinaison nouvelle à la place de l'ancienne ; c'est, pour ainsi dire, passer d'un pôle à l'autre pôle, quand la loi défend de changer de place » (Tropl., *Contr. de mar.*, I, n° 210).

Une société particulière, et surtout une société commerciale en nom collectif, par exemple, sera-t-elle au moins permise ? Il faut encore répondre négativement, car des raisons fort sérieuses s'y opposent. « Il est constant, a dit un arrêt avec juste raison (1), que ladite société est une dérogation aux droits résultant de la puissance maritale sur la personne de la femme, ou qui appartiennent au mari comme chef de l'union conjugale ; que conférant, en effet, aux associés une égalité de droits et de pouvoirs, elle est

____

(1) Paris, 9 mars 1859 (D. P., 1860, 2, 12).

incompatible avec les droits et les pouvoirs du mari ; que les conflits d'intérêt que peut faire naître la société sont inconciliables avec les droits et les devoirs respectifs des époux. » Conçoit-on, en effet, qu'une femme puisse être gérante de la société sans qu'aussitôt les rôles des époux ne soient pour ainsi dire intervertis ? Et si on permet la société entre époux, il faut bien permettre que la femme puisse être gérante. Et si elle était nommée à cette fonction par l'acte constitutif de société, voilà donc le mari lié pour toute la durée de la société ! N'est-ce pas une abdication complète de ses droits ? Et qu'on ne dise pas qu'en nommant sa femme gérante, le mari n'a fait que la nommer sa mandataire ; non, car les droits d'un gérant institué par acte constitutif d'une société sont bien autres que ceux d'un simple mandataire. Celui-ci peut toujours être révoqué ; le premier n'est pas révocable. Donc, il y a bien là abdication du droit d'autoriser sa femme, abdication de ses droits comme chef, expressément défendue par l'art. 1388.

Et de plus, même sans être gérante, la femme, comme associée, n'aurait-elle pas un droit de contrôle ou de surveillance sur les actes de son mari ? Mais ce droit même ne saurait lui être accordé ; l'autoriser, en effet, serait non seulement aller contre les règles fondamentales du mariage même, mais ce serait mettre dans le plus grand péril l'harmonie du ménage, si nécessaire à l'ordre public lui-même.

Enfin, si l'on admet que l'art. 1395 s'oppose formellement à l'établissement d'une société universelle, il faut, pour être logique, en décider également ici. Quelle raison y aurait-il donc pour dire que cet article ne serait violé que s'il y avait association de tous les biens et ne le serait pas s'il y avait association d'une partie seulement de ces biens ? Il n'y a là qu'une question du plus au moins. Donc, même sous la séparation de biens, une société en nom collectif ne nous semble pas possible (1).

De là, nous croyons pouvoir conclure avec M. Massé (*Dr. comm.*, II, n° 1267), que toute société civile ou commerciale doit être interdite entre époux, sous quelque régime que ce soit « puisque cette société, en modifiant leurs rapports et leurs droits respectifs, aurait nécessairement pour résultat de modifier les conventions matrimoniales qui auraient déjà réglé leurs rapports et leurs droits. »

Mais, avec le même auteur, il faut faire cette remarque importante, c'est que « cette prohibition d'entrer en société ne s'applique qu'au cas où il s'agit d'une association de personnes et de capitaux, et non au cas où il s'agit seulement d'une association de capitaux, par exemple de la prise d'action dans une société anonyme ou dans une société en commandite. Il n'y a plus ici qu'un placement de fonds, et la circonstance que l'un des époux fait partie d'une société de cette nature n'est pas une raison pour en exclure l'autre. »

SECTION IV.

DES DIVERS AUTRES CONTRATS.

Les autres contrats qu'énumère le Code, après la société, n'offrent pas de difficultés, sauf deux cependant, le contrat de rente et la transaction.

I. — Les contrats de *louage*, de *prêt*, de *dépôt*, tous souvent des plus utiles, ne peuvent être qu'admis selon notre règle générale, puisqu'aucun texte ne les défend, et qu'ils

(1) En ce sens, Paris, 9 mars 1859 (D. P., 1860, 2, 12); *Contra*, Lyon, trib., 31 juil. 1867 (D. P., 67, 3, 87.)

ne sont contraires à aucun des art. 1096, 1395, 1595. Si ces contrats renfermaient des donations, ce serait alors le cas d'appliquer les règles de l'art. 1099 sur les donations indirectes ou déguisées.

II. — Le *contrat de rente*, soit foncière ou constituée, soit viagère, peut-il être, lui aussi, permis? Je ne le crois pas ; quel est, en effet, la base de ce contrat? c'est l'aliénation d'un bien quelconque pour obtenir en compensation un droit à des arrérages. Or, n'est-ce pas là une véritable vente, dont l'objet vendu est le bien aliéné et dont le prix est le droit aux arrérages? Donc l'art. 1595 doit interdire ce contrat entre époux. Et il est même inutile de faire ressortir le caractère de donation qui s'attacherait presque toujours au moins à la rente viagère.

III. — Le *mandat* est sans difficulté permis aux époux, et deux textes (1420, 1577) n'ont fait qu'appliquer le droit commun.

IV. — Il en est de même du *cautionnement*, et non seulement l'art. 2018, qui exige certaines conditions pour les cautions, n'a pas reproduit la prohibition des édits d'Auguste et de Claude, et du Velléien, abolis déjà par l'ordonnance d'août 1606, mais l'art. 1431 nous déclare que la femme ne peut être réputée que comme caution, alors qu'elle s'oblige solidairement avec son mari. Il en résulte donc bien que le cautionnement est permis, même de la femme envers son mari.

V. — La question de savoir si la *transaction* peut être autorisée entre époux offre certaines difficultés. « Pour transiger, dit l'art. 2045, il faut avoir la capacité de disposer des objets compris dans la transaction. » Or, les époux ont-ils la capacité de disposer l'un envers l'autre? Non, pourrait-on dire, puisqu'ils ne peuvent pas se vendre leurs biens; donc la transaction est impossible entre eux. M. Troplong adopte cette solution : « entre époux, dit-il, toute transaction est nulle, *transigere est alienare;* » seulement il admet que « les exceptions par lesquelles l'art. 1595 tempère la prohibition de vendre entre époux doivent également s'étendre à la transaction » (*Transact.,* n° 53).

Cette opinion trouve certainement dans l'art. 1595 un point d'appui très-sérieux; cependant, nous semble-t-il, c'est plutôt par analogie que par une déduction rigoureuse qu'elle peut déclarer nulle la transaction entre époux, car la vente n'est pas la seule manière de disposer de ses biens, et en défendant la vente, la loi n'a eu en vue que ce contrat seulement pour les motifs que nous connaissons, mais elle n'a pas entendu défendre les autres manières de disposer. Et d'ailleurs, les époux ne peuvent-ils pas même se donner, quoique sous condition de révocabilité? Dès lors, plutôt que de déclarer nulle toute transaction entre époux, nous croirions devoir admettre la révocabilité de la transaction. Mais c'est là même un point que nous rejetons ; c'est qu'en effet, la révocabilité n'a été attachée qu'à la donation seule, et que, de plus, pour assimiler la transaction à ce contrat gratuit, il faudrait toujours supposer l'*animus donandi*, ce qui ne se peut pas en face de la volonté contraire des époux.

Or, si ce n'est que par analogie avec l'art. 1595 que l'on déclare nulle la transaction entre époux, il nous faudra rejeter cette opinion, parce que nous avons aussi rejeté le système qui voudrait permettre ou défendre entre époux les contrats analogues à ceux que la loi permet ou défend, et que nous avons admis le système qui autorise entre ces personnes tout contrat qui n'est pas expressément défendu.

La transaction, on ne peut le nier, est un des contrats qui, après la vente, offre le plus de facilité à dissimuler une donation ; mais enfin cette raison seule ne peut suffire à la défendre, autrement il faudrait revenir aux anciennes coutumes qui défendaient tout contrat entre époux. Or, le législateur savait bien que les contrats autres que la vente pouvaient déguiser des libéralités, et c'est dans ce but qu'il a édicté l'art. 1099 qui les déclare nulles ; cependant, il n'a cru devoir défendre expressément que la vente. Pourquoi, alors, être plus sévère que lui ; pourquoi vouloir étendre des incapacités, des exceptions au droit commun, qui sont toujours de droit étroit ?

Mais, si la transaction peut servir à certaines fraudes que les héritiers fort intéressés à découvrir ne laisseront guère passer sous silence, qui peut nier les immenses avantages de ce contrat ? Et sur ce point, pour combattre l'opinion de M. Troplong, je ne puis mieux faire que de citer ses propres paroles. « J'adhère pleinement, dit ce savant auteur, à l'opinion de Bartole, qui regardait ce contrat comme l'un des plus utiles entre tous ceux qui sont réglés dans le Code de Justinien et le corps de droit. C'est par lui, en effet, que les procès sont prévenus ou amiablement terminés, que les affaires se traitent sans aigreur et que l'on règle avec des sentiments de paix les intérêts les plus ardents, les plus prompts à la discorde. Les procès assiégent la vie par de nombreux tourments; ils sont souvent la ruine des familles. La transaction qui les étouffe est le parti du sage. On ne perd pas en transigeant, car quelque sacrifice que l'on s'impose, on gagne en retour le premier de tous les biens, la tranquillité. *Melior est certa pax quam sperata victoria* » (*Trans.*, n° 1). — « C'est pourquoi, ajoute M. Troplong, la transaction a toujours été vue avec faveur, tellement que les lois reconnaissaient en elle une autorité qui doit être

respectée à l'égal des jugements. La prohibition de transiger
est odieuse. »

Il est difficile de faire un plus bel éloge de la transaction ;
aussi peut-on être à bon droit surpris de voir enseigner par
le même auteur la prohibition de ce contrat entre époux.
Mais si cette prohibition est odieuse entre étrangers, que
sera-ce donc entre personnes unies par les liens sacrés du
mariage ! Eh quoi ! si l'un des époux devient héritier d'un
parent qui n'a pas reculé devant un procès inique et injuste
contre l'autre époux, vous le forcerez ou de renoncer à cette
succession, ou de continuer cette action commencée et ces
procès, sources de haines et de discorde ? Vous l'empêcherez
de prendre le « parti du sage », de faire quelques sacrifices
pour gagner en retour les premiers de tous les biens, la tranquillité, la paix, la concorde, si nécessaires à son bonheur,
au bonheur de son conjoint, à celui de la société elle-même ?
Non, ce n'est pas possible ; refuser aux époux le droit de
jouir des bienfaits d'un tel contrat, ce serait s'exposer à
semer la zizanie là où ne doit régner que l'affection.

VI. — Après avoir permis le contrat de prêt entre époux,
on ne peut défendre le *nantissement* soit comme gage,
soit comme antichrèse, ni l'*hypothèque*, qui ne sont que des
contrats accessoires du premier et qu'aucun texte n'a
prohibés.

Une question se présente incidemment ici ; la femme, on
le sait, a une hypothèque légale pour la garantie de ses
droits, qui porte sur tous les biens de son mari (art. 2121).
C'est là une garantie pour ainsi dire d'ordre public et à
laquelle la femme ne peut jamais renoncer d'une manière
absolue, même par contrat de mariage. Mais au moins la
restriction partielle de cette hypothèque est-elle permise ? Le
mari, on le comprend facilement, peut quelquefois avoir un

intérêt considérable à ce que certains de ses biens soient dégrevés de cette hypothèque; pourra-t-il l'obtenir de sa femme? S'il n'y avait pas eu de texte sur ce point, il eût été impossible de répondre affirmativement; mais la loi a prévu ce cas, et par l'art. 2140, elle permet la restriction dans le contrat de mariage, et par l'art. 2144, pendant le mariage. Ce second texte exige certaines conditions pour la validité de cette restriction, dans le but de protéger la femme contre sa faiblesse et les obsessions de son mari. C'est ainsi qu'il faudra l'avis des quatre plus proches parents de la femme, réunis en assemblée de famille; puis, après cet avis, et du consentement de la femme, le mari pourra demander aux tribunaux la restriction de l'hypothèque; mais ceux-ci ne sont pas liés par l'avis des parents, et ils peuvent accueillir ou rejeter cette demande même contre leur avis, après avoir entendu le procureur de la République. Remarquons enfin que cette restriction ne peut avoir lieu pendant le mariage, si déjà l'hypothèque avait été restreinte par contrat de mariage.

POSITIONS.

DROIT ROMAIN.

I. — Les deux lois 18, *de duobus reis*, D., et 32, § 4, *de usuris*, D., sont inconciliables, mais se justifient chacune par l'espèce qu'elles prévoient.

II. — La *filiafamilias* pubère était, avant le Bas-Empire, incapable de s'obliger.

III. — Les deux lois 5, § 1, *de donat. int. vir. et ux.*, D., et 29, *de liberat. leg.*, D., ne sont pas en contradiction.

IV. — Un débiteur solidaire, tenu simplement *in solidum*, qui a payé le créancier commun, a un recours contre ses codébiteurs solidaires, alors même qu'il n'y a pas entre eux contrat de société, et cela par l'action *negotiorum gestorum*.

V. — Il y a antinomie entre la loi 27, pr., *de pactis*, D., et la loi 31, § 1, *de novationibus*, D.

DROIT FRANÇAIS.

I. — La règle de l'art. 901, qu'il faut, pour faire une donation entre-vifs ou un testament, être sain d'esprit, est une dérogation à l'art. 504.

II. — La renonciation à une succession faite par un époux

dans le but de gratifier son conjoint, qui doit la recueillir à son défaut, est un avantage indirect susceptible de révocation.

III. — La femme mariée sous le régime dotal ne peut pas, par une donation de biens présents, donner à son mari ses biens dotaux.

IV. — La réduction des donations entre époux, même de biens à venir, n'a lieu que selon l'ordre de leurs dates.

V. — Le prédécès de l'époux donataire ne rend pas caduque la donation de biens présents que lui a faite son conjoint.

VI. — La séparation de biens, conséquence de la séparation de corps, n'a aucun effet rétroactif ni entre époux, ni contre les tiers.

VII. — La femme peut se porter adjudicataire des biens saisis sur son mari et vendus publiquement.

VIII. — L'acceptation faite *ex intervallo* par la femme du remploi que lui offre son mari, selon l'art. 1435, n'a d'effet rétroactif qu'entre les époux, et non contre les tiers.

IX. — La femme étrangère n'a pas d'hypothèque légale sur les biens de son mari étranger, situés en France.

X. — La renonciation par la femme à son hypothèque légale au profit non d'un créancier du mari, mais de l'acquéreur de l'un des immeubles de celui-ci, est soumise à l'art. 9 de la loi du 3 mars 1855.

DROIT COMMERCIAL.

La preuve testimoniale est admissible, en droit commercial, contre et outre le contenu aux actes.

PROCÉDURE CIVILE.

L'exécution provisoire peut être demandée en appel, alors même qu'elle ne l'a pas été en première instance.

DROIT PÉNAL.

L'art. 463 du Code pénal, sur les circonstances atténuantes, ne s'applique aux délits prévus par des lois spéciales qu'autant que ces lois en autorisent formellement l'application.

DROIT ADMINISTRATIF.

Le contribuable qui, aux termes de la loi du 2 mai 1855, après avoir été imposé à la taxe pour un exercice et conformément à sa déclaration, n'a fait aucune déclaration contraire avant le 15 janvier de l'exercice suivant, est déchu de tout droit pour réclamer contre la taxe à laquelle il a été imposé pour le second exercice.

DROIT DES GENS.

Une puissance neutre qui autorise sur son territoire un emprunt au profit d'une puissance belligérante ne viole pas la neutralité.

J. LONFIER.

Vu pour l'impression :

Le Doyen,

Ed. BODIN.

Vu et permis d'imprimer :

Le Recteur de l'Académie,

MALAGUTI.

TABLE DES MATIÈRES.

DROIT FRANÇAIS.

Typ. Oberthur et fils.

www.ingramcontent.com/pod-product-compliance
Lightning Source LLC
LaVergne TN
LVHW020657200726
843508LV00002B/808